微笑面對無禮之人

무례한 사람에게 웃으며 대처하는 법

鄭文正——著

徐小為——譯

U0006956

PART 1

“ CONTENTS ”

PART 3

如何鍛鍊自我表現的肌肉

“CONTENTS”

PART 4

養成不被負面言語打倒的習慣

PART 5

微笑對待無禮之人的方法

前言
如何面對生活中遇到的無禮之人？

我在綜藝節目上看過一個令人驚訝的場面，節目是常見的脫口秀形式，邀請眾多來賓互相分享各種故事，一個男藝人對搞笑藝人金淑說：「妳長得像個男的。」

這位男藝人平常就會隨口問一些俗氣或沒禮貌的問題，往往讓來賓招架不住。一般人遇到這種狀況通常笑笑就過去了，或者對自己的外表自嘲一番再應和過去。但金淑並非如此，她只淡淡地看了那人一眼，用讓人察覺不到情緒的單調語氣簡短說了句：「嗯？滿傷人的哦？」那人隨即道了歉，說只是開玩笑，金淑微笑回答：「沒關係啦。」立刻接受了道歉，再自然地把話題轉開。

看到他們的互動，我頓時冒出許多想法。在日常生活中女生常得面對許多毫不留情的「顏評」（顏質評價）或「身評」（身材評價），尤其綜藝節目裡常會營造出外表美麗受到稱讚的女性，和會被男性嘲弄外表的女性互相對立的情節。

女性經常會遭受身材被形容像水桶，或胸部很小、長得很醜之類的嘲弄，更過分的是還得自嘲一番跟著一起笑。假如稍微露出不高興的表情，就會聽到「開個玩笑而已也太敏感了吧」的批評，然後被取個「開不起玩笑的超敏感兒」之類的綽號，所以大多數人都會選擇忍耐。

但忍著忍著，忍不住想表達不滿的時候，也可能會聽到對方說：「我不知道妳不喜歡這樣啊，妳應該早點跟我說。」在以男性威權為主的韓國文化下，尤其年紀越輕的女性越是如此，她們經常不知道該如何適切表達自己，我看過許多因此徬徨或受挫的案例。這些女性擔心無法讓他人理解自己在生活中感受到的不適，和熟悉軍隊文化的男性比起來，也怕讓人覺得自己「不適應團隊生活」或者「缺乏社會性」，於是選擇隱藏自己真實的感受，將那些不快反覆放在心中咀嚼。

而咀嚼後的結論總是指向自己：「這是我的問題」、「是我做了容易讓人誤會的舉動」、「他沒有那個意思，應該是我太敏感了吧？」等等。於是那個人「傷害了我」的這個事實便消失了，只剩下「過於敏感的我」。

然而，強烈表達不滿也很容易被人說成是不理性的人。雖然「你怎麼可以這麼說呢」、「我現在覺得很不高興」等說法很明確，但若不是心臟夠有力的人想必很難開口。尤其在韓國長幼有序的文化下，對年長的人或上司更難說出這種話。

在我年輕的時候不太懂得要怎麼適度表達情緒，所以經常在人際關係中感到挫敗。這種事過去從來沒有人教我該怎麼辦，等到發生問題，不是開始批判對方，就是最後實在忍受不了而生氣大哭。甚至也有忍著忍著，乾脆直接斷絕聯繫的情況。所以我一直很想知道，面對無禮的人，到底要怎麼做才能明確表達自己意思又不失風度呢？

也許答案就是金淑那句「滿傷人的哦？」這句話在我腦海中留下了深刻的印象，既簡潔明瞭地陳述事實，也不至於讓對方沒台階下，還能成功傳達自己的意思。對方雖然馬上道了歉，但已經成為傷人的人，金淑則爽快接受道歉，展現她不計較的一面。除此之外，那個道歉的人終於吃了一次虧，過去從未被制止的舉動，第一次讓他有機會得以反思：「這種舉動會引發問題。」對他而言，這在他的人生中也是件幸運的事。

只要是人都會犯錯，但如果不知道那是錯的，只會不斷反覆做出相同的錯事而已。地位越高、年紀越大的人漸漸變得無禮，有一部分原因也可能是沒有被人制止過。在一個缺乏平等溝通的社會，只能任由甲方橫行霸道。（譯註：甲方行為是韓國近年新興的詞彙，指的是掌握權力、地位較高的一方（統稱甲方），對弱勢、地位低的一方（統稱乙方）以上下關係欺壓）

金淑常在節目中扮演「一家之母」的角色，她會說一些「男生就是要潔身自愛」、「酒就是要男人倒啊」等反諷的玩笑話。她在 tvN 電視台〈SNL Korea〉節目中短劇的台詞也延續同樣的脈絡，例如當上司說：「妳今天怎麼脾氣這麼差？月經來嗎？」她馬上還以顏色：「那部長您今天心情怎麼這麼好呢？早上有夢遺嗎？」

她還惡搞各種俗語、名言，例如：「男子高談闊論，家破人亡。」（譯註：在韓國有句俗語為「女子高談闊論，家破人亡」）她藉由惡搞台詞逗得觀眾發笑，也讓聽者頓悟，我們過去經常聽到，或不假思索使用的這些話語，其實充滿偏見與暴力。

不只金淑，藝人李孝利也曾展現出充滿魅力的說話方式。她參加一個節目錄影時，主持人請她表演過去在 Fin.K.L 女團時代的舞蹈和歌曲，感覺並沒有事先知會，態度上有些強硬。李孝利笑著對他說：「還在用過去的老派方式主持啊。」再自然地接上一句：「現在的人都不太知道 Fin.K.L 的歌了。」巧妙地避開了要求。一說主持人老派，其他來賓便開始附和，李孝利就可以趁機把話題帶開，自然地展現出幽默又成熟的應對技巧。還有一個和這情況相似，最後卻以不同方式應對的例子。

知名女團成員參加綜藝節目時被男性來賓請求表演撒嬌，但成員們表示不想表演撒嬌，並且忍不住哭了起來，或許是因為長久以來對類似的要求感到不堪其擾吧。成員們突然的落淚使節目氣氛頓時降到冰點，結果她們飽受批評，被指責不夠專業，造成許多誤會。雖然可以理解她們承受的壓力，但也感到有些惋惜，若她們可以更成熟地應對就好了。然而，看到那個樣子就像看到過去的自己一般，不免令人心疼。

我們在日常生活中會見到許多無禮的人。有的人可能會忽略每個人、每種關係中心理上的距離有所不同，而突然做出越線的事。難道沒有可以大方地對這種人說「你踩線了」的方法嗎？當然有。我想透過本書介紹的正是這個，不過實際運用前我們的確需要先做一些練習。

二十幾歲時的經歷讓我了解，如果只是一味容忍傷害我的人，最後自己將會變得有氣無力。我想活出自己，將外面妨礙我聽見內心聲音的噪音爽快按下靜音。就像每天要做一點運動鍛鍊身體肌肉一樣，鍛鍊自我表現也需要時間與努力。只要持續練習不懈，便能像我現在一樣，不再每晚反覆咀嚼誰傷害了自己，也不再自責不已。

不需要哭，也不用發怒，就能貫徹自己的立場。這本書裡記錄了我嘗試過最有效的方法，還有在那些過程中體會到的事物，無非是想鼓勵大家，當你遇到無禮的人也不要氣餒，有很多可以優雅笑著警告他們的方法。希望本書能為那些在無禮之人中想找到自我的人，帶來實質上的幫助。

PART 1

不需要當個好人

不說NO的你，只是繼續助紂為虐

我見識到所謂「甲方行為」的新境界，指的正是國會議員金武星引起的「no look pass」事件。他在機場入境時把行李箱隨意推給隨扈，影片曝光後掀起了一陣軒然大波。

來迎接他的隨扈雖然低下頭打了招呼，但金議員看都不看一眼，便隨手把行李箱往隨扈推去。在許多鏡頭拍攝，眾目睽睽下，就算是為了形象也應該稍微做做樣子，但這一切對他而言太過理所當然，甚至連該假裝一下都渾然不覺。實際上在引發風波後，請他解釋當時的情況，他還嘴硬地說：「這有什麼問題嗎？都這麼忙了還拿一些不重要的事做文章……。」

影片的關鍵字排名不斷往上竄升造成輿論騷動，大概是因為人們從一抬起頭就慌張地抓住行李箱的隨扈身上，感受到那熟悉的感覺——恥辱。關於恥辱感，國語辭典裡解釋的條目寫著：「受到輕視及不屑時，感受到的羞恥情緒」。

金贊浩教授在著作《恥辱》中寫到，據說韓國人為了填補個人的缺陷與空虛感，最常使用的方法之一便是羞辱他人。製造階級，藉由輕視他人來確認自己的存在。我重複看了好幾次金武星的行李箱影片，然後突然覺得有點哀傷，因為隨扈的樣子讓我想起了曾經遺忘的那些恥辱。

以前我曾經養成習慣，在晚上反省檢討今天是否有做錯什麼。當我拖著沉重的步伐回到家，雖然把鞋子脫了，在外面沾上負面情緒卻脫不下來，跟著我一起回到房間。大學時，我為了賺生活費，週末都在電影院、啤酒屋、家庭餐廳之類的地方打工。對我來說，這些地方是需要把神經繃緊的工作場所，對客人來說卻是接受服務、消解生活壓力的放鬆所在。

由於服務業必須無時無刻提供親切的笑容，我不只一兩次感到倦怠想要離職。上班的時候得先把礙手礙腳的自尊心摺得小小的，放在家裡再出門。結果因為太常把它藏起來，連真正需要的時候都沒想到要把它拿出來。

有時，客人們會用一臉無所謂的表情說：「腦袋不好才要在這種地方工作啊。」不只他們，到處都有人會說出這種莫名其妙的話。例如大學時交往的年長男友對我說：「妳一個女生長這樣太高了，不好。」上課時也有教授說：「女生比較自私，所以企業不愛聘僱女性。」身材比較壯的學妹穿裙子來上學的時候，有學長一邊竊笑一邊對她說：「哇，妳很有勇氣耶！」類似這樣充滿偏見、歧視和暴力的話語，讓我越來越畏縮。當然，其中也有些是沒有惡意的玩笑，但並不是玩笑話就不會造成傷害。

隨著年紀增長，我開始了解應該要明確對這些奇怪的話做出回應。因為如果我沒有反應，那些無禮的人就會因此獲得勇氣，繼續做出類似的舉動。接著就是對生命中遇到的下一群人，繼續做出他們以為被容許的舉動。此外，如果我不對那些話有所反應，挫敗的感受會不斷累積，而這些挫敗感在遇到比我更弱小的人時可能會一次爆發，這就是甲方行為的連環效應。

親切對待每個人並不是能者的表現，也有企業為這點提出證明。「性騷擾或口出惡言的客人先給予兩次警告的機會，如果不改正的話，客服人員請主動先掛電話。」這是二〇一二年現代信用卡公司針對電話客服人員的指示方針，二〇一六年開始更是規定，除了口出惡言和性騷擾之外，如果顧客的言論涉及污辱人格或有威脅性時，客服也可以先掛電話。這個「結尾政策」成功使客服人員的離職率大幅下降，也對口出惡言的顧客帶來正面影響，只要警告他們客服人員即將結束諮詢，據說有很多人會大吃一驚，馬上改正態度。

無禮的人也不是一開始就沒禮貌，人們會根據自己的位置選擇換上不同的衣服，然後不知不覺就忘記把「甲方的衣服」脫下來了。我看過許多公司代表，在家或者跟朋友見面的時候，也擺出一副代表的樣子。隨著年齡增長，社會地位開始爬升，會制止他們的人也越來越少，所以就產生了自己可以這樣的莫名勇氣。於是逐漸無法控制自己，無禮的態度不斷膨脹，直到目中無人的態度像氣球般脹大後升向高空，所有人都被他踩在了腳下。

現在「甲方行為」、「狗大叔」（譯註：指無禮又自以為是的中年男子）等新造韓語開始成為國際通用的詞彙，英國獨立報在報導中說明這些詞彙，並指出「甲方行為」是韓國長久以來的痼疾。這個陋習必須在我們這個世代結束，若要如此，就必須在社會上形成一股能夠制約甲方行為的氛圍。

等到有一天，世上所有人都可以確實表達出自我，我們便可以為這個世界留下自由、平等的文化。「忍讓即是美德」的時代，已經過去了。

不喜歡被稱讚「堂堂正正」的原因

一百六十五公分，七十七公斤，這是大尺碼模特兒金智良的身體數據，她徹底打破了只有長得高、身材苗條的人才能當模特兒的社會偏見。要介紹金智良，有個詞一定不能漏掉，那就是「堂堂正正」。

比方說，堂堂正正地踏上伸展台、堂堂正正地擺姿勢、堂堂正正地表現帥氣的模樣等等。堂堂正正在字典中的意思是「展示在他人面前的面貌或磊落態度」，但諷刺的是「我堂堂正正！」這句話卻總是給人一種在解釋什麼的感覺。

比方說，塊頭比較大的女生給人的感覺不會表現得堂堂正正，若是硬要用堂堂正正來形容，就隱約帶有一種讓人訝異又了不起的語感。另外，特別用來形容女性獲得憧憬與崇拜的「girl crush」一詞，其中也包含了堂堂正正的要素。雖然是用來稱讚積極展現自我、充滿自信的女性，但我卻從來沒看過有人用「堂堂正正」來形容具有這些特徵的男性。

在搜尋引擎搜尋「堂堂正正的男人」，只會找到「劈腿還很堂堂正正的男人」、「性器增長手術讓你成為堂堂正正的男人」之類的結果。要描述男性充滿自信、積極表現自我的樣子，我們通常會用「很有男子氣概」、「有領袖風範」來形容，卻不會說他們堂堂正正。為什麼呢？因為身為男人當然應該堂堂正正。

類似這樣下意識針對女性的偏見，讓女性不禁開始制約自己的行為舉止。比方說，男演員和女演員的片酬差異在美國掀起了一場不小的論戰，珍妮佛．洛佩茲寫了一篇「為什麼我拿的錢比男同事少？」的文章，批評好萊塢的薪資政策，她在文中提到男演員們都會強烈表達自己的意見，最後得以簽到滿意的條件，並懊悔自己為什麼要擔心過於強勢會顯得無禮。文章內容如下：

很不想被人當作挑剔又無禮的人，事實上這是我近幾年很努力修正的問題之一。根據統計，遇到這種問題的女性不只我一個。是社會決定了我們的行為嗎？難道現在我們還是只能用不讓男性感到「害怕」或「不快」的方式來表達意見嗎？……（略）我好像沒看過和我一起工作的男人，浪費時間苦思要說什麼才能確實表達自己的意見。即使他們用尖銳的態度提出要求，人們也會說那是一種策略而加以稱讚。但換成是我就必須怕別人覺得太無禮，就連應得的份都拿不到。

不只演藝圈，一般公司也是如此。同樣都是批評，女性員工特別容易被評論為「不夠理性」、「沒有家教」的人。看著受委屈的前輩，身為後輩的女員工們便盡可能縮起身子，避免表現突出。

當我們形容做事俐落、態度積極的女生常會使用「強勢」一詞，而「女強人」和「堂堂正正」這兩個詞，在使用層面上意義很相似，因為男性從來不會被形容為「男強人」，所以又是一個只附加在女性身上的奇怪字眼。自從發現了這種微妙的感覺，只要被誰用「堂堂正正」來形容，就會感覺有點怪怪的。

我從以前就不喜歡每次參加婚禮的時候，看到新娘們彷彿罪人般從頭到尾低著頭的模樣。所以我自己結婚時是抬頭挺胸地和每一位賓客對眼，再報以大大的微笑。交換誓約時則是在眾人面前大聲朗讀，信裡的內容也避免使用「侍奉丈夫」、「照顧餐飯」這種老套的表現。

因此婚禮結束後，我從媽媽的朋友那裡聽見不少訝異的聲音：「新娘怎麼會這麼堂堂正正呢？」雖然早就預料到了，但實際聽到這些意見，還是不免有些失落，果然人們的想法很難輕易改變啊。

其實比起把話說出來，女生們反而會花更多時間煩惱如何傳達那些話，最後便常常落得放棄表達意見的下場。因為害怕讓人覺得失禮，怕明確表達意見會被對方討厭。我想對所有抱持這種煩惱的女性說：「讓我們一起變得堂堂正正吧。」

女性如果可以像男性一樣，理所當然地在日常生活中表現得落落大方，總有一天這種用詞偏見會消失吧？希望我未來生活的世界，「堂堂正正」可以不再被用來當作帶有微妙意義的稱讚。

只想睡覺？暴飲暴食？你的心可能受傷了

「（前略）因為名額有限，很可惜無法與您共事，期盼下一次能有更好的機會與您合作。」讀完這禮數周到卻讓人心情很差的文章，害我不知道該做什麼才好。

我拉起窗簾，爬上床蓋起被子。雖然才剛吃完午餐沒多久，但就是想先睡一下。我把手機翻面蓋住，再度躺了回去。睡了快兩個小時之後醒來，還是覺得有些睡意，又再睡了兩三個小時後再度醒來，整晚不斷睡睡醒醒。

可能是因為一天睡了超過十四個小時，大概過了一個禮拜以後才逐漸開始恢復精神，一點一點開始處理耽擱的事，好不容易才擺脫那長長的睡眠。為什麼會那麼想睡呢？那段陰沉的時光最終成了一個久遠的謎。

會想起那時的事，是因為和朋友聊天時她說：「最近實在睡太多了，覺得是不是生了什麼病，所以去了一趟醫院。結果醫生對我說『您最近是遇到什麼困難了吧，可能是想要逃避現實。』聽到這句話的時候，我的眼淚都快要掉下來了。」我想了想，難道我那時候那麼想睡的原因，也是因為抗拒才不想睜開眼睛嗎？

我對「壓力是百病的根源」之類的話沒什麼感覺，但對「心痛所以睡很多覺」卻是極有同感。這麼看來，我其實沒有對身體進行過什麼思考，二十幾歲時，對身體的想法僅有「好想變得跟藝人一樣瘦」而已，「身體管理」對我來說跟減肥是同一件事。即使我的心持續透過身體發出訊息，但我卻一直認為是單純的生理狀況，明明身體和情緒是相互連結的啊。

我試著回想身體發出的訊息，想起了二十歲出頭時，曾有過一段暴飲暴食的時候，那時看到什麼東西都想塞進嘴裡。記得有一次拖著沉重的腳步回到家，卻嘴饞到不行，想吃披薩、炸雞、泡麵，因為吃太多油膩的食物，又想來罐碳酸飲料。去便利商店逛一圈，買了一堆零食回家肆無忌憚地吃，最後因為吃太撐而吐了出來。我後來才知道，原來那也是一種飲食障礙。

畢業後覺得自己就像叢林裡的草食動物般微不足道，在準備就業的那段時間，我變得非常喜歡計畫，幾乎到人稱「完美主義者」的地步，希望能全權掌控一切。之後才在心理學的書讀到，那種具有強迫傾向的態度很容易導致飲食障礙。不只對身材錯誤的認知會導致厭食，孤獨或是對現狀的不滿同樣也會引發飲食障礙，因為無法填滿心靈，所以希望能填補一下空虛的胃口。

承受壓力太久，身體就會被引發問題的荷爾蒙襲擊，如果因為不安或恐懼導致免疫系統惡化，身體便會為了減輕壓力，選擇啟動逃避現實的防禦機制。當大腦感覺到壓力時，內臟也會同時接收到相同訊號。

根據研究報告指出，承受極大壓力的人感受到腹部疼痛的機率，比沒有壓力的人高出三倍。如果身體開始出現腹痛、排便不順、搔癢、暴食、厭食、頭痛、焦慮、睡眠障礙等之前沒有的狀況，請為自己的心檢查一下，因為這些症狀很有可能不是因為你身體太虛、沒做好保養才發生的。

我不喜歡「用精神力戰勝身體」這句話，身體可不是拿來戰勝的，它只是為你撐下去而已。你的心、你的肉體並非你要戰鬥的競爭對手，而是要相互擁抱，一起邁步向前的朋友。

很多戰勝飲食障礙、痊癒的患者都說祕訣就在於心理因素。比方說，開始寫讚美自己的日記、遇到認同自己、愛自己的男友、女友、從家人那邊得到關懷等等。要在無力的人生中撐下去，獲得痊癒的力量，唯有在關係中被理解、得到認同，讓自己相信，自己對這個世界而言仍然是有意義的人。

當心失去平衡的時候，身體會跳出錯誤訊號提示我們稍微暫停一下。那種時候，要傾聽自己心中的聲音，就跟細心審視身體同樣重要。找出並擁抱心中的問題，身體便會自然找到平衡。

為何次女的戀愛總是不順

我曾在週刊上連載過一年戀愛諮詢專欄，進行方式是大學生們寄來跟戀愛有關的煩惱，我讀了之後為他們提供建議。

雖然是為了變得更幸福才談戀愛，但有些人談著談著卻越來越不幸，甚至使整個人變得畏畏縮縮，尤其是寄 e-mail 給我的女孩子們大多是如此。另一方面，男生的問題則幾乎可以歸結為：「到底要怎樣才能談戀愛？」

讀著女孩們不幸的戀愛煩惱，或者直接見面，聽她們娓娓道來時，我發現一個奇怪的共通點。有人無法離開控制狂男友，有人受個性暴力、大男人主義的男友擺佈，還有因為好女孩情結（譯註：good-girl complex，指女性為了滿足周圍的人，而必須無條件奉獻自己的極端想法）而被利用的人等等，這些被痛苦的戀愛不斷糾纏的女生，大部分在成長階段都沒有得到家人充分的愛。

她們說家人的關心通常集中在最大或最小的孩子，自己則不曾獲得太多關注，因此缺乏自信，和同齡人比起來有更早開始談戀愛的傾向。尤其是上有姊姊，下有弟弟，人稱「夾在中間」的次女佔的比例好像最多。

我很好奇，反覆陷入這種自我犧牲般的戀愛，和成長過程中缺乏關愛究竟有什麼關係呢？

家庭心理學專家凱文・李曼（Kevin Leman）研究出生順序中隱藏的心理學，他表示夾在老大和老三中間出生的人，跟其他兄弟姊妹相較之下更容易出現「被排擠」、「被忽視」的感受。

父母對第一個孩子從懷孕時就抱持著極大的關切，並在悸動與期待中養育孩子，但對第二個就不是這樣了。然而，父母又會對老么抱持另一種不太一樣的情感，身為老二卻只能不期不待。翻開家庭相簿，從老二的獨照跟其他兄弟姊妹比起來少了多少，就能明白這點。

我也是次女，在重男輕女嚴重的大邱，聽說非常想生兒子的媽媽生下我之後哭了好幾天。據說自然情況下出生的男嬰約比女嬰多五％，一般出生性別比在一百零三至一百零七左右算是正常情況，但在我出生的一九八六年，比例卻是一百一十一點七。當時正是非法墮胎開始流行的時候，很多嬰兒只因性別為女生就「被消失」了。

比我大一歲的姐姐有身為長女的驕傲，比我小五歲的弟弟則因為是珍貴的兒子，所以存在感不容抹滅。只有我和姐姐、弟弟不一樣，沒有周歲和過百日的紀念照片；過新年的時候大人總說姐姐年紀最大，壓歲錢給她一萬塊，弟弟是兒子也給一萬塊，只有我拿五千塊。我動不動就被拿來跟老大和老么比較，這些對待都讓我覺得自己是個「不重要的人」。

所以我逃跑了。因為家庭沒辦法帶給我認同和無限的愛，所以我非常執著於能愛我這個人本身的朋友和戀人。我從國中就開始談戀愛，卻總是不順遂。

我無法放下對自己態度隨便的人，明知道自己遭受不應得的待遇也隱忍下來。即使發生了我不希望發生的狀況，也常因為擔心拒絕會讓對方失望，而選擇順從。我為了被愛，所以想盡辦法證明自己的用處，覺得不努力就不會被愛。

這個情況不限定是第二個女兒，舉凡在成長過程中沒有得到足夠愛的孩子，都很難相信自己的存在本身就是值得被愛的，所以只要對方稍微釋出一點好感，就會立刻陷入愛情。

正因為很少覺得自己對別人來說是特別的，所以更容易被甜言蜜語哄騙；因為不曉得自己有得到愛和幸福的價值，反而更熟悉不幸的世界，便不曾想過要逃離那裡。

這樣的人，會作出彷彿悲情劇女主角般的舉動，例如常問「你真的愛我嗎？」容易起疑又執念很深，總是想要考驗對方。因為太習慣看別人臉色，即使在關係中發生了什麼問題，也會過於考慮對方感受，遲遲無法作出決斷。

我從自己脫離困境的經驗出發，在專欄中提供建議給跟以前的我很像的女孩們。

首先，要擺脫自我憐憫。越是可憐自己，你的周圍就會出現越多覺得可以隨便對待你的人。別再說「我的人生本來就很不幸」，或是類似這樣的話了。

第二，在日常生活中要開始嘗試拒絕。拒絕是需要鍛鍊的，一開始可能很難，但從小事開始嘗試，就會越變越輕鬆。你會發現，即使拒絕也不會發生任何事，尤其是真正愛你的人，就算你拒絕他也不會離開。

第三，要相信自己是值得被愛的。假如你的自信不足，當你打算結束一段關係的時候，可能會因為「除了他還有誰會愛我呢……」而遲疑不決。試著在生活中累積小小的成就感，並待在會完全尊重你的人身邊，如此一來，一定可以改掉總是在人際關係中勉強自己的壞習慣。

最重要的是，即便你沒辦法立刻作到這幾點，也不要就此灰心放棄。慢慢地一件一件開始嘗試，便會在某個瞬間發現自己已經煥然一新。

人際關係就像蹺蹺板

我對周圍的「好人」作了一番調查。他們常常把「沒關係」、「我都可以」掛在嘴上，還會仔細傾聽他人的意見，幾乎認真到讓人有壓力的地步。當別人問他們怎麼想的時候，他們大部分都會回答：「好啊。」

此外，這些人的共通點還有幾乎不把「不行」、「那有點困難」、「我不想」等話說出口。與其要他們講出這種話，他們寧可跟對方斷絕聯繫，直接「神隱」還來得比較輕鬆。

為什麼我會知道得這麼清楚呢？因為我就像許多韓國女生一樣，在二十歲出頭時，也是人們口中典型的「好女孩」，這種好孩子情結必定會伴隨著缺乏自信心的問題。因為覺得自己不當個好人就不會被愛，所以很難對別人開口說「不」，習慣看人臉色之後，不知不覺間也就變得畏畏縮縮，下場便是不斷被隨意對待，總是聽到別人對自己說：「那就麻煩你看著辦了。」

以前的我因為開口閉口就是「沒關係」，而時常覺得喘不過氣來。因為比起自己更在乎別人，完全沒有考慮到自己本身，尤其談戀愛的時候更是如此。但若是跟當時的男友說到那個時候的事，他大概也會一臉莫名其妙地說：「我不知道妳討厭這樣啊，那妳當時為什麼不說？」

沒錯，其實他們並沒有強迫我們，最大的問題在於我們把自己定位成一個好人。那時身為一個好女孩的我，偷偷在心底把自己的人際關係變得如此扭曲的原因，全部怪到對方身上，覺得我已經讓步了，是對方太過自私。

「我作出了犧牲」的念頭會帶來一種莫名的補償心理，即使為了沒什麼大不了的小事吵架，吵著吵著，事情卻常常越變越嚴重。這是因為在「好人」的外表下，內心早已累積許多過去隱忍的不滿，當剩下來的自尊越少，累積的被害意識便越龐大，所以一旦發生什麼事就會忍不住哭喊：「你怎麼可以這樣對我！」

現在回頭想想，大部分都是自己過於期待導致失落所造成，我花了很多時間才願意承認自己也有問題。因為覺得主導關係很有壓力，就把主導權推給對方，結果卻沒往自己想要的方向發展，才會因此傷心難過。我想，對方應該也覺得壓力很大才對……。

於是我開始正視這些問題，從小事一點一滴學習拒絕，漸漸變得可以說出之前無法開口的話，討厭的事也能直說討厭。原本以為只要拒絕，周遭的人就會離我而去，但我的人際關係卻變得更好了。之前小看我、只想利用我的人不見了，反而多出許多能夠平等對待、相互付出與給予的人。

人際關係就像玩蹺蹺板或拳擊對練，量級差異太大的話，比賽就沒辦法繼續下去。雖然某一方可以故意輸個一兩次，但無論是顧慮的人還是被顧慮的人，都很快會感到疲憊。我想對那些跟從前的我一樣的人說，用「當好人」作為維持人際關係的關鍵，是不健康而且無法長久的。

如果某一方必須一直當好人才能維持，這「淡而無味」的關係豈不斷了也無所謂？健康的人際關係要像玩蹺蹺板一樣，有來有往地為對方著想，彼此互相影響才能長久。

不需要當個好人

「小狗覺得要是自己病了就會被淘汰，所以在主人面前假裝不痛。」我之所以這麼說，是因為看見ＥＢＳ１電視台的節目「世上沒有壞狗狗」中，主人因為自己養的狗害怕地板，不喜歡走路，所以委託專家幫忙訓練。

訓練師江炯旭仔細檢查過狗狗之後，指出牠的步伐不正常，應該是後腳有問題。主人隨即接口說：「五年前就這樣了，牠本來就習慣跛著腳走路。」但聽訓練師的話把狗帶去醫院接受精密檢查後，發現原來是小狗的膝蓋脫臼了，狀況糟到必須接受手術治療。這隻狗因為太痛，所以害怕容易打滑的地板，但主人卻單純認為牠只是不喜歡走路。

「哎喲，真乖啊。」狗總是在等待主人的稱讚。從人的立場來看，所謂的乖狗就是在規定的地方大小便、給牠什麼就吃什麼、絕對不咬人、即使主人不在也不會把家弄得一團亂，會乖乖等人回家。只要做出以上舉動，小狗就會獲得稱讚，也會得到零食。

人也是如此，所謂「乖小孩」的本份，就是要聽父母的話，不挑食、給什麼就吃什麼、不和朋友或兄弟姊妹爭吵、懂得退讓、不愛哭、不亂使性子。這樣人們就會稱讚孩子很乖很聽話，不讓父母操心。

任何人在小的時候都會全然依賴父母，想當個乖小孩，得到愛和認可。問題是成為大人之後，有時仍會被這樣的心情支配。實際上，孩子給父母的不只是喜悅，也同樣讓他們擁抱相同份量的失望。因為父母的期待總是太多，和孩子的想法總有那麼一點不同，會感到失望也是理所當然。

一個人要成長為一個獨立個體，就必須經歷叛逆期，和父母鬥爭。但過程中如果太過壓抑，沒有傾聽自己內心的聲音，那麼這個孩子在長成大人之後，也會很在意他人的意見，執意要得到「乖孩子」或「好人」的評價。

所謂人的成長，便是在人生中以各種方式應對無數次的選擇，對自己的選擇負起責任，然後成長為大人。然而那些被稱為「好人」的人們，卻常常為了顧及他人想法，忘記自己想要的是什麼。因為這些好人還不太習慣自己掌握人生的選擇權，連和自己切身相關的問題也用旁觀者的態度看待，甚至生涯規劃、就職、結婚等重要的決定也都是如此。由於不是自己全權決定，只要一發生問題就會很快放棄，也很習慣把錯怪到別人身上。

假如你是對「好孩子」評價很執著的人，建議要養成習慣去思考自己要的到底是什麼。如果在你身邊有這種人，希望你可以給他以下的建議：「不用總是退讓，就算提出你自己的意見也不會被討厭。」

想開始這種鍛鍊，就需要努力讓自己變得更大膽：「被討厭又不會怎樣，也沒辦法被所有人愛啊。」

不需要努力當個好人。

別再被情感剝奪

曾住在現已衰落的美國工業區鐵鏽帶（Rust Belt），畢業於知名的耶魯法學院，目前在矽谷開展事業的傑德・凡斯（J. D. Vance），可說是「鯉魚躍龍門」的成功代表。

他小時候住在非常貧窮的區域，總是夾在藥物中毒的母親和放棄監護權的父親之間。因為成長期間受盡貧窮、家庭暴力、憂鬱與無力感之苦，於是他在著作《絕望者之歌：一個美國白人家族的悲劇與重生》（*Hillbilly Elegy*）中，具體描繪了那些被孤立、對未來不抱希望的人們所經歷的世界，那個他曾經生活的世界。

凡斯說：「比物質上的貧困更痛苦的是精神上的貧困，沒有可以帶來歸屬感和安定感的對象，人生也沒有目標。」多虧有了「我的決定很重要」的念頭，才讓他得以擺脫「文化阻隔」、「缺乏社會資本」等殘酷的現實。凡斯在書中寫下：

重要的是，你必須發現自己過去總把不夠努力誤認為能力不足，或者總是貶低自己的價值。正因為如此，每當人們問我覺得白人勞動階級的哪個部分最需要改變，我才會都回答：「我覺得自己的決定不重要。」

凡斯表示，讓自己感覺越來越無力的理由，就是「因為世上蔓延著幾乎可被稱為宗教性的冷嘲熱諷」。我在書上看到這段話，不禁聯想到「能量吸血鬼」（Energy Vampire）這個詞。

所謂的能量吸血鬼，指的是利用對方的善良來獲得自身利益的人，或者是在精神、肉體、心靈等層面上利用手段剝奪他人，讓他人感到憤怒的存在。這和最近很流行的「情感勒索」一詞，意思也很像。從原本「勒索」的意思延伸，表示在關係中佔有優勢，對對方予取予求的行為。

權威且有暴力傾向的父母會反覆暗示子女：「你沒有我的話什麼都不是」，讓子女對自己更加依賴。這種情況在戀愛中也經常發生，不斷重複「因為是我才會跟你在一起」、「你是毫無價值的人」之類的話語，讓對方陷於這種惱人的暗示中。這在心理學上被稱為「煤氣燈效應」（Gaslighting），背後典故是一個丈夫故意讓家裡的煤燈變暗，等到妻子問：「家裡怎麼這麼暗呢？」丈夫便斥責：「是妳太敏感了，看錯了吧。」目的是讓妻子不再相信自己的判斷。

情感勒索、煤氣燈效應都是引導受害者懷疑或不再相信自己，進而更加依賴加害者，是一種顯而易見的情感控制。加害者透過這種控制讓對方無法離開自己，甚至連正常的人際交往都加以侵害，讓受害者無法享有正常的社會生活。

心理分析學家羅賓・斯特恩（Robin Stern）博士整理了被煤氣燈效應操縱情感的受害者症狀：第一，他們會頻繁、過度地道歉，並將所有責任和義務都歸咎在自己身上。第二，他們很難自己判斷或作出決定。因為不相信自己，所以只會等待別人下決定。第三，他們會過度自責，因為對自我過於敏感，總是認為狀況正在越變越糟。第四，他們會養成自閉的性格，對朋友或家人隱瞞加害者的行為，或者始終以辯解蒙混過去。還會說很多謊，或是不輕易展現內在想法等等。

你是否經常受到家人、另一半或上司的不恰當對待？對方是不是罵得太過頭，或是使用充滿憤恨的過當言語呢？假如你越來越難正大光明地說出跟他在一起時發生的事，或者待在他身邊就很想跳進深深的井裡，建議你快逃吧！他正在利用情感操控你，讓你逐漸失去氣力。

假如沒辦法馬上轉身離開，就先從盡量保持距離開始吧。注意不要把他說的話當成絕對的事實，比起對方的言語，要更相信自己的直覺和感性。然後你必須問自己：「遇到他之前的我和現在的我有什麼不一樣？在他身邊的我變得更好了嗎，還是變得更不好了呢？」

舔拭各自的傷口活下去

海倫・皮爾遜（Helen Pearson）的《人生計畫》（*The Life Project*）一書中，刊載了針對「有成就的人」和「沒成就的人」之間差異的研究結果。

研究員皮林（Pilling）為「命中注定會失敗」的孩子們定義了幾項特徵：第一，在單親家庭或兄弟姊妹超過五人以上的家庭長大。第二，因為家庭收入較低，在學校領有免費午餐等福利津貼的孩子。第三，在沒有供應熱水，或者同個空間必須居住一點五個人以上的環境下長大。

另一方面，「注定會成功」的孩子則有以下特徵：第一，父母非常關心教育，對子女的未來充滿抱負與希望。第二，居住在求職機會較多的地區。相對地，成就不高的人則大多居住在產業衰退或求職困難的地區。

皮林在研究參與者中，找出在不佳的環境下成長的三百八十六個孩子，持續追蹤他們的生活，發現其中三百零三人沒有獲得充分教育，最後只能從事所得較低的職業，甚至沒有工作。

我也是出生在沒有希望的貧困人家與城市，我的家鄉大邱市，是個每人平均地區生產總值連續二十二年都倒數第一的地方，青年失業率總是在全國前三名中高居不下。由於父母被生活壓力追著跑，沒空好好照顧我，我從小學就開始打工送報紙、發傳單。

為什麼窮人的周圍也都是一些沒有受過教育、彼此出身環境相似的人呢？爸爸、媽媽、阿姨、姨丈、姑姑……交情比較好的親戚中，連一個讀過大學的人都沒有。他們從沒想過可以靠教育完成階級翻身，雖然盼望孩子過得比自己更好，卻不知道方法。小時候我最常聽到大人說的一句話就是：「松蟲應該吃松葉」（譯註：韓文諺語，指人應該謹守本分，行事注意分寸），這句話的意思，就是叫你從放棄開始學起。

我很想證明就算窮也能得到自己想要的，想要寫作，所以逃亡般地前往首爾找工作，然後度過了將近十年的職場生活。在我剛出社會的那段時間，因為覺得自己在文化方面實在跟不上別人，總是想要學些什麼。那個時候買東西都是以CP值為基準，因此根本沒有什麼喜好可言。

我學攝影、學畫畫、學演戲，認識各種人，得到新的經驗。直到開始有穩定的收入之後，當我想念某個人，也能自己主動約人見面了。我就這樣漸漸替自己累積了一些文化上的資產，所謂人們稱之為「人脈」的東西。身邊開始出現許多我可以幫助、需要時也能向他們請求幫忙的人。我談了戀愛，也一邊從很多人身上得到愛，這治癒了從小缺乏關愛的我。

我一邊累積著微小的成就，一邊逐漸增加自信。即使現在覺得自己已經成功從那裡逃了出來，但僅僅只是回想過去的生活，我也都還是會做惡夢、被不安包圍。每當想起過去那無力的我，便覺得無法抑制自己的情緒。

不久之前我跟媽媽說想買房子，卻聽到她回：「首爾房子那麼貴，不管妳多努力也買不起啊。」我跟家人說想讀大學、想去首爾的時候，爸媽也用同樣的論點回我。因為他們從來沒有經歷過那種，成功實現所願的感覺，所以一旦人生中出現了什麼想要的東西，他們不會要你努力去爭取，而是會為了避免受傷，要你放棄。

那些受傷、不被愛的人們表面上看起來或許很好，但每個人其實都是在背地裡舔拭著自己的傷口，努力撐著活下去。即便看起來好像沒事，那些痛楚仍然會在某個時刻不經意地襲來。從這種意義上看來，或許我們遇見的人們都是曾成功戰勝心中地獄的生存者。這些人害怕回到過去，縱使待在現在置身的地方也會像個異邦人般漂泊不定。

我們雖然羨慕「鯉魚躍龍門」後成龍成鳳的那些人，卻對他們過去生存的世界一無所知。因為無知，只會感到恐懼或想要加以掩飾。然而人生若省略那些細節，就什麼都不是了。我們能作的只有不另眼看待較差的環境，並且努力去正視那個世界。

我偶爾會遇見看起來很哀傷的人，便不禁好奇這個人是在什麼樣的背景下長大的，甚至常有一股衝動想要脫口問：「你也常常作惡夢嗎？」

用名牌包，也不會因此變得幸福

我從地方大學畢業的那年，在首爾光化門附近的一家雜誌社工作。那時覺得漢江很新鮮，路上總有那麼多人也令我驚訝。原本我非常好奇為何紫雨林樂團的歌詞裡唱著：「無聊的時候去新道林站裡面跳脫衣舞」，後來終於去了一次新道林站才恍然大悟。敢在這裡跳脫衣舞的話，真的不得不承認那人有顆汎合金（Vibranium，漫威作品中的虛構金屬，韌性極強）作的心，我想能做到這種程度的人，可以說是無所不能了。我也開始明白為什麼人們把地下鐵叫成「地獄鐵」，為何待在首爾就會有很多鼻屎，也終於發現總讓人誤以為桃花翩然到來、首爾男人那特有的「～了嗎？」的溫柔語調，其實不是因為喜歡我才這麼說。

我逐漸適應了首爾生活，卻有了奇怪的發現，講到「首爾的」總感覺有點不太一樣的光芒。該說是自然中流露著帥氣嗎？那種時尚的感覺讓人不禁膽怯。從前的我幾乎沒有喜好可言，很少先思考自己究竟適合什麼，然後再去選購的經驗。

首爾的東西每樣都很弘大、很新沙洞（譯註：韓國知名購物區，以時尚、充滿設計感的氛圍著名）。祕訣到底是什麼呢？想著想著，我開始對一件東西變得非常執著，就是所謂的名牌包。我心想，就算挑戰「簡約穿搭風」（Normcore）穿得樸素簡單，只要在包包上下點功夫，就可以看起來很時尚。於是自己如此下了結論：對，名牌！我要買名牌包才行。

當時我的月薪大約實領一百六十萬韓幣（約台幣四萬六千七百元左右），得付房租、交通費、餐費……在首爾就連呼吸都得花錢。我一邊很想買名牌包，一邊譴責抱持著這種想法的自己，不幸便從此開始。因為無法承認自己也有這麼俗氣的一面，我就像一邊自我體罰一邊修道的苦行僧般，每當有想買名牌包的念頭時就會鄙視自己。當事情進展不順利的時候，沒有什麼方法比鄙視自己更容易的了。

很奇怪的是，越是壓抑想買的心情就越討厭自己，名牌包越在腦海中揮之不去。人們常說「陷入」愛情或藥物「中毒」，並會用「瘋了」來形容盲目被吸引的狀態，我當時就是那個樣子。每天上下班通勤途中在地鐵裡搜尋名牌包，坐在咖啡廳裡觀察路人揹的包，一一確認是哪些牌子。然後到了晚上，又開始埋怨自己、自我厭惡：「說到底，我就是一個沒程度的拜金女罷了。」這種狀態幾乎維持了一整年，真的讓人很厭倦。最後我付了十萬韓幣（約台幣三千元左右），買下據店家所言是「A級」的香奈兒包包。

然而，我對名牌包的執著並沒有因此減退，反而變得更加強烈且扭曲。總感覺別人一直盯著我的包包看，每當此時，我那不安的心情也變得像虛有其表的假貨一樣。我覺得自己窩囊至極，即便只是揹著香奈兒包包在地鐵站裡晃來晃去，也會產生愧疚之情，甚至毫無來由的產生想批評他人的心情，認為：「哼，那個人揹的也是假貨吧」。

從那之後又過了幾個月，我終於下手買了一個超過月薪的名牌包。如此得來的名牌包當然非常高級，但我最多就到這裡了。

買之前曾以為買了它之後人生就會截然不同，但這種事完全沒有發生。一個月、兩個月、三個月之後，我開始漸漸理解自己之前做出的不理智舉動。我買的不是名牌包，而是為了踏入「有型的首爾OL世界」所買的入場券。因為那只是不具實體的一種形象，所以不管我買再多包包，幸福也不會隨之而來。

那時的我想要透過消費——這種最簡單的方法，來填補自己的寂寞、自卑和缺乏關愛。感覺要是連這種東西都擁有不了，彷彿自己會變得越來越小，即將在首爾這座城市默默消聲匿跡一樣。每當揹起沉重的牛皮包時，便會在腦海浮現我想優先照顧自己的微小心願，即使只是個包包也想被他人認可，那種微不足道的心情。

最近偶爾感到有些憂鬱的時候，我也會燃起很想買點什麼的衝動。雖然日常生活中充滿了屈辱，但只要進入購物的世界便可以因為身為消費者，而獲得更多關心和尊重。當你陷入這種時刻，即便只是察覺自己身陷這種狀態也很有幫助，在你掏出信用卡前，請先拍拍自己，對自己說聲：「你最近辛苦了喔。」

養活自己的方法

我看了 Daum 的網路漫畫《養活自己的方法》，不禁覺得自己好像從以前就認識漫畫家金定妍一樣，感覺非常親近。如果是從鄉下前往首爾，獨自生活的二十至三十歲女性，一定會對她的漫畫相當有共鳴。

《養活自己的方法》描述的是從安東北上，獨自住在首爾青坡洞的二十歲女性「李詩達」的生活。詩達在室內設計公司上班，養了一隻裝在箱子裡的倉鼠，所以她的居住環境也常常被拿來和倉鼠做對比。

詩達的名字在韓文文法中有著尊敬型結尾的語意，雖然是父母希望讓女兒成為受尊敬的人而取的名字，但她實際的樣子卻是「跑腿打雜」的那個「跑腿的」（譯註：韓文中「시다바리」有跑腿打雜、僕人之意，而시다二字的發音正好和詩達一樣），和最底

層的社會人沒什麼兩樣。漫畫成功地描繪出小人物的實際生活，也生動地詮釋出「李詩達」這個名字隱含的期待與現實的龐大差距，所帶給人的孤寂與疏離感。

詩達對空間規劃很感興趣，也具備豐富的相關知識，足以在室內設計公司上班，但實際上她可以選擇的喜好卻完全受限。那種感覺，就像是雖然喜歡 Kinfolk 雜誌的風格，卻只能買大創一般。她唯一被允許的就是像便利貼一樣，完全隱藏自己存在的痕跡，買東西的標準只能侷限在CP值，在租賃的人生裡，連根釘子都不能釘在自己住的地方。

其實她不想再勉強從大創找出看起來還可以的東西、不想先確認價錢再看設計或材質，在網路上買東西的時候，也不想依照「價格高低排序」來搜尋，她只想擁有自己打從心底喜歡的東西。因為沒有錢，所以只能穿不喜歡的衣服、用不喜歡的東西，雖然東西是自己挑的，但那並不是自己真正的選擇。然而，人們卻擺出一副看外貌就知道這個人品味的樣子，評分般地說：「穿這樣不會太俗嗎？」

閱讀時尚雜誌的時候，常會看到某些專欄強調自己的眼光好，把讀者的穿搭當成笑話，或是用訓誡語氣撰寫評論。雖然知道這就是雜誌的生態，但每次一讀到這種文章，還是忍不住覺得心裡的某個深處被刺到了。

那樣的批評真的合適嗎？很多穿著打扮，雖然乍看下是主觀的個人選擇，但其實也只是妥協的產物不是嗎？所謂的眼光，是擁有充分資金和時間，即使失敗也無所謂，當一個人感覺老神在在時才會產生的東西。實在很想向寫專欄的人抗議：「不知道什麼是美，並不代表品味不好！」

每當看到《養活自己的方法》漫畫中詩達把自己的模樣和倉鼠做比較時，就會不知不覺感到鼻酸。在這個計較最低時薪和就業困境，物價和房價都瘋了的國家，在連結婚和生小孩都被唆使放棄的這個地方，為了讓年輕人過更好生活的保障看來仍遙遙無期。想要建議他人、踢翻階級的梯子，然後說：「你現在的品味不怎麼樣啊，還有更好的選擇呢。」一則分明就是一種詐欺。

我想到過去的自己，還有和自己一樣的無數個詩達。我也想起住在櫛比鱗次、連咳嗽聲都聽得一清二楚的考試院（譯註：指以低廉租金租給國考生的簡易套房，通常房間窄小、隔音差）時，在那裡遇見的每個詩達。我們只是不想熟悉如何放棄、不想停止去夢想一個更美好的未來，我們想要的只有這樣，其實我們真正要的並不多。

不需要回答每個問題

我有一陣子常常問自己：「我是誰」、「我想做什麼」、「我為什麼長成這樣子呢」等問題。人生有很多事需要作出選擇，假如想活得和過去不同，就必須不斷對自己丟出問題。

人們總認為開始行動前需要確實的答案，不過其實所有行動都是由疑問開始，因此要對自己提出疑問才行，例如：「這裡為什麼要這樣作」、「走這條路對嗎」。年紀越大，跟自問自答比起來，從別人那裡得到的問題反而越多。

雖然長輩們會說「經歷千次動搖才能長成大人」之類的話，可是一旦真正看到你動搖的樣子，又會感到失望。他們過去經歷的記憶越成功，過程就越會被誇大、美化，連偶發的事件都會被說成是必然，忽略大部分的事實。越是忘記過程的人，就越會對別人說出「連這都辦不到」的話。

對自己提出疑問的時候，可以把煩惱一一攤開，逐一檢視清楚。然而當我們接到別人提出的問題，則是要自我辯護，並用一句話簡單地作結。你的答案必須簡單明瞭，且有一貫性，讓別人聽了會想欣然同意才行。

在這種結構下，我們很容易被人生的細節困住。舉例來說，我經過天主教受洗，家裡奉有聖母瑪利亞像，但我同樣喜歡閱讀佛教書籍，也常常去寺廟禮佛。若是有人問我：「宗教對你而言是什麼？」我卻很難直言：「我信天主教，但也喜歡佛教。」

「人不需要回答每個問題。如果想要回答所有的問題，你知道會變成怎樣嗎？會迷失的，迷失自我。」上述文字出自益田米莉的作品《我真正想要的是什麼？》，這段話之所以讓我如此感動，是因為其中蘊含的疲憊感。在書中還有這麼一句：「雖然不知道想變成什麼，但我不想變成任何人。」

益田米莉的另一本著作《不結婚，好嗎？》，裡頭描繪了三十五歲未婚女性小好和結婚後離職的麻衣，兩人的生活在書中相互對照。沒有結婚的小好對得過且過的生活尚稱滿意，然而還是會羨慕偶爾見到的麻衣，並擔心自己老後的生活。

結婚後懷孕的麻衣對婚姻生活沒有太大不滿，卻因小孩即將出生，而對可能產生巨大變化的未來感到害怕。看見小好單身一人，相當羨慕她過得自在暢快。像這樣互不相讓地站在彼此的立場對望，正是我們在人生中會遇到的所有關係。

益田米莉的作品《無論如何都討厭的人》中，主角小好因為討厭公司的一個同事，最終選擇自請離職。作者的結論是同事沒換，小好的心情不用完全轉念也沒關係，這和各種自我啟蒙書籍裡，孜孜不倦提到的前途相距甚遠。益田沒有把這種情況描繪成失敗，反倒說這只是一種選擇。之後在《小好的戀愛》中，小好和上司的對話，也充分反應出兩人截然不同的世界觀：

「我很喜歡好子妳工作的方式。」

「但我的上一個工作，有一半可以說是逃跑才沒作的。」

「那種事情現在已經沒關係了，做得好！真正做了之後才知道根本不算什麼。不是『逃跑』只是『不做了』，不過如此而已。」

經過反覆苦惱後選擇的結果即便不是非常成功，也不要隨意自怨自艾；同樣地，對別人所選擇的人生，也不要隨意看輕，益田米莉在許多本著作中用故事說明了這點。

她也在散文集《某天突然變成了大人》中寫到，她對自己個性最滿意的部分是「就算做了一件失敗的事，也不會因此全盤否定自己」。這種淡然的正向態度，對那些一直向自己提問，尋覓解答以久的人來說，不正是個難能可貴的領悟嗎？

為了不要變成無聊的大人，試著把「你想要什麼」的疑問改成「我真正想要的是什麼」吧。如此一來，也許會在某個時刻發現不一樣的自己。因為如果停止對自己發問，只會不停過度關注他人，這便是你對自己的未來不再感到好奇的證據。

「還好吧？」這句話不只要用來問別人，更是經常需要對自己提出的問題。

倦怠期與缺乏自信的戀人

我在寫戀愛專欄的時候聽了許多戀愛故事。雖然分手的理由有百百種，但二十幾歲時，因為彼此環境改變使爭吵變得頻繁，最後導致分手的例子似乎特別多。

若是大學生，兩個人可以在相似的環境下戀愛，但要是有一方退伍，另一方正在進行就業準備，或者一方已經找到工作，另一方還在準備考國考的話，當彼此的立場改變，爭執的次數也會隨之增加。

一名男大生K，便是處於類似情況。他寫了一封長長的 e-mail 給我，拜託我為他作戀愛諮商。退伍回校之後，他認為自己應該要更努力，必須認真參加學校與生活的活動，因此過著充實且忙碌的日子，但已經準備就業一年以上的女友卻不太愛出門，甚至因為太懶而開始發胖，讓他覺得很心寒。K甚至覺得彼此已經步入了所謂的倦怠期，想問是否可以由自己先提出分手。

我看過很多像K女友一樣的人。實際上，人們在求職時的確比較容易引發自尊心低落的現象。如果這時候周圍有愛她的人可以擁抱她，應該能幫助她更快脫離痛苦才對，畢竟求職不是一件容易的事啊。

於是我這麼回覆K：

K先生您好像已經下定決心要分手了，從來信目的和信中語氣來看，似乎都是想要聽到建議您提分手的答案。

大部分來諮商的人都是這樣，大家在心中已經有一個決定好的答案，但還是想從別人口中確實聽到才會安心。

K先生大概是想要我跟你說分手是正確解答，把決定權交給別人，就能降低一點罪惡感吧。

你說自己和女友現在感覺好像步入了「倦怠期」，但我不太喜歡這個詞，聽起來就像是想結束的人可以輕易利用的一張擋箭牌一樣。

任何關係經過時間流逝都會產生改變，尤其是談戀愛，會從一開始的熱情轉變為一種親密感。能夠自然接受這種轉變，並且去摸索發生何種變化，願意為了維持或讓關係更進一步而煩惱的人，不會使用「倦怠期」這個字眼。

你一開始跟女朋友交往的時候不知道她很懶嗎？那時就算懶，她應該還是有其他讓你欣賞的優點才對，是什麼變了呢？當初你們每天在租屋處相處得很開心，為什麼現在卻變成問題了呢？

其實人們會隨著情況去思考或行動，請關注一下你們處境的改變。

K先生目前復學中，自然覺得應該認真生活，現在是你意志力最堅強的時候；然而你的女朋友已經求職準備一年，現在是她最沒有自信心的時候。隨著她準備的時間變長，似乎還出現了一點憂鬱症的症狀，這時候如果還指責她，叫她要改變，情況難道不會變得更糟嗎？

我覺得你應該先問自己到底還愛不愛她，如果得出的結論是不愛，那就不要拿她當藉口，直接分手吧。如果結論是還愛她，這時你應該用跟過去不一樣的態度，陪著女朋友一起努力面對。

這裡有一點很重要，那就是不可以一直只叫對方改變。人無法靠三言兩語就提升自信心，必須獲得客觀的肯定或成就感，慢慢累積才會提升。

你可以找時間約女朋友一起運動，一起出門作一些簡單活動，或者去報名語言教室等等。兩人一起共同努力作某件事，並且對女朋友說明，這是因為想跟她一起走向未來，才想作這些調整，讓她感受到你對她的愛意。

假如對方還是沒有改變，到時再跟她說可能要重新思考一下彼此的關係，確實表達你的立場。

記憶修正的陷阱

最近我用智慧型手機自拍的時候，幾乎都會使用修圖APP。拍完照後一再修圖，相簿裡面存的都是我想要留在記憶中的自己，只留下我想相信的自己的樣子。

也許，每個人的記憶都是像這樣被美化、清空的吧？每一個人都想留下自己「人生最美」的時刻，於是一口氣拍下數十張，再從許多張照片裡挑一張最好的。然後在那張照片精心加工濾鏡和美肌，甚至是瘦臉效果。最後的成果雖然看起來像自己，但存下來的照片卻早就已經不是自己了。

把修完的照片拿出來看了又看，彷彿真的相信照片裡的樣子便是自己實際的樣子。然後看到別人拍的照片，會不禁大吃一驚，覺得別人未免也把自己拍得太不上相了吧，甚至因此生氣。

我們的記憶，就像是被修飾過的照片一般，比起真實的樣子，更可說是由片段剪貼和自戀凝聚而成的產物。所以當我們回想人生的時候，比起「傷害別人」的記憶，反而是「被傷害」的記憶會壓倒性地佔多數。

每次在網路上看到關於「醜態」、「甲方行為」的新聞和底下的留言，我都會想，明明有這麼多人遭受欺凌，怎麼要找欺負人的人卻反而很不容易呢？想必我自己也曾如此，因為不想記起來就乾脆忘記了吧。

所謂記憶修正，就是這麼危險的一件事。

PART 2

別凡事只想溫柔忍讓，美好人生才會來臨

越不幸，越容易關注他人

我在大學畢業後北上，獨自展開首爾生活。當時，我的身上只帶了韓幣五十萬圓（約台幣一萬五千元），正是人們口中的「無計畫上京」。

首爾對「南部人」來說不是一個溫暖的地方，人們會問：「您說話用方言啊？」現在的話我會大方地回答：「對啊。」但聽在當時畏畏縮縮的我耳裡，卻好像是在說：「聽起來好土，真怪。」

我以前住在考試院的時候，在房間用吹風機吹頭髮，卻被隔壁的女生敲我門說：「噓！不要再用吹風機了。」活著的時候要假裝自己不存在，這就是考試院的生活守則。於是我對著自己喃喃自語的日子越來越多，會像和人通電話一般，對自己說的話做出反應，走在路上也會對今天發生的各種事情自言自語。因為太孤單了，甚至還創造出假想的朋友。

據說憂鬱的症狀會以好幾種形式呈現，例如灰心喪志、有時想從世界上消失、或者把食物堆得像座山，吃得狼吞虎嚥等等。同時，憂鬱感也可能會化為對別人的敵意，對自我的不滿足，則可能延伸為對他人以及對世界的憤怒，變得更容易曲解他人的動機，對特定人士的怒火也可能更加旺盛。

由於被害意識增強，容易對別人的行為和話語作出負面解釋，所以人際關係方面也受到阻礙。若是這種狀況持續下去，甚至會產生無法同感他人悲傷的情況。若是聽到別人抱怨的話，他們可能會惱怒地回一句：「你以為只有你辛苦嗎？我也很辛苦啊」、「這樣就叫累」。這正是他們被自己的困境壓垮，無心去了解別人狀況的證據。

我們平常就得留心觀察這些心病的症狀，要是嗅到了不尋常的氣息，就必須暫時休息一下。比方說，我最近會像量體重一樣，定期檢測自己內心的狀態。一般來說，當你狀況很差的時候會出現幾種明顯的症狀，例如容易發怒、過度放大小事情等等。

假如發現這種症狀，就應該要**減少工作量，並且盡量減少與他人的互動**。我們最需要正視的，就是來自於人際關係的壓力，光是無形的人際關係，我們就已經擁有太多了，由於社群網路的日常普及化，讓人們陷入無論何時何地都能互動的幻覺中，使現代人更加容易感到挫折。我們會因為看到朋友在Facebook或Instagram上更新的近況而感到忌妒，或是被隨時響起的KaKao talk（譯註：一款類似Line的通訊軟體）和群組通知制約。這樣的生活太淺薄又過於刺激，容易讓人的心理產生毛病。

自己的人生彷彿一鏡到底的無剪輯影片，總感覺無聊又冗長，相較之下別人的人生則像是剪接、修飾過的預告，所以看來非常精彩。假如我們無法理解這點，就會覺得世界上似乎只有自己過得很辛苦，最後整個人充滿自我憐憫與被害意識，進而開始傷害他人，作出自私的舉動，於是許多不幸的人們就這樣開始過分的甲方行為並且毫無自覺。

因為沒有人認同自己，所以這些人總是奮力喊著：「你們知道我是誰嗎！」他們在關係中揣度彼此的情感，處理人際關係的迴路至此已經崩解了。

幸福的人從來不會強求他人了解自己，因為自己足夠充實的話，便不再需要渴望來自他人的肯定。

沒用又怎樣

我還是大學新鮮人的時候，常被所謂「運動型」的學長姊問：「你為了什麼而活」、「你最近人生的重心是……」等諸如此類的問題。

當時的我沒辦法回答，即便回答了也覺得沒有什麼意義。反正他們問我的目的不是為了聽到答案，只是為了導正我那不是正解的回答罷了。

於是不知怎地，我突然覺得慚愧起來，悲壯地下定決心要對之後的人生更有想法。然而不知打從何時開始，這些問題也漸漸讓人感到不太舒服了。

因為在專門服務大學生的媒體工作，我工作時會遇到很多大學生。有時一些同學會帶著真摯的表情問我：「為什麼一定要活著呢」、「一定要活著的理由是什麼」。等到進入就業準備期，這類問題的強度會更上一層。

同學們看見周圍的人都順利找到工作，卻沒辦法誠心道賀，只能不斷反問自己生存的理由。他們會一邊向我吐露心聲，一邊自嘲自己有「就業人格障礙」（就業和反社會人格障礙的合成詞），看見這樣的孩子讓我心頭不免一陣悶。

大學生們之所以問這樣的問題，是因為他們已經疲於應對必須回答自己的價值。當人們在寫了數十張履歷表後，面對「為什麼想要進來這家公司」、「你的優點和缺點是什麼」、「你人生中目前為止最重要的經驗是什麼」等問題，會開始編造答案，並在某個時刻對此感到困惑無比。

一旦試著將微不足道的經驗包裝成很厲害的契機或大事後，便會開始羨慕看起來很了不起的人，並且覺得自己沒有什麼用處。若某個存在必須經常說明其存在的必要，那便是因為提問的人已經預先作出這個存在沒有價值的結論。

當前文化部長官柳仁村問韓國藝術綜合學校的學生「為什麼要有文學創作系」，以及面試官對來面試的人說「請在一分鐘內說明為什麼我們要選擇你」的時候，這時必須作答的一方，都是典型居於弱勢的「乙方」。他們必須被人驗證，而且最終獲得認可的機率相當小。所以我現在對於那種提問意圖明顯的問題，都不直接回答了。

就像總統並不需要名片一樣，越居於上位、越具有優勢的人越沒有介紹自己的必要。地位越高，甚至越沒有用處。就像喜歡釣魚的人常說，以一個興趣而言，釣魚特有的無用感正是這個活動最大的意義所在。有人可能認為這是在浪費時間和錢，但對某些人來說，正是這點才讓釣魚如此具有價值。

就像韓國教育部憑藉就業率指標而將藝術大學評鑑為「不佳」，讓藝大學生們大聲疾呼「這就是藝術」一樣，當有人問你為何活著，你也可以爽快地回答：「因為我出生了。」

想想，我過去的人生似乎都在不斷證明自己是個有用的人，從小就聽到許多類似「為什麼要做這種沒用的事」的話。比方說，小時候要說服父母雖然我是女生，但沒有什麼比不上男孩子；國、高中的時候只要看書，就會被老師罵說有那種時間還不如多作點習題；大學時讀社會系，一年三百六十五天都會被問畢業以後要作什麼工作。我一直到現在才準備好霸氣的回答：「什麼都不作，怎樣」、「沒用又怎樣」，但人們卻不再對我多說些什麼了。

就像我媽媽生下四代單傳的獨生子——我弟之後，只說了「要健康長大喔」一樣，其實活著並不需要什麼冠冕堂皇的理由。雖然社會不負責任地把證明自我價值的任務推給個人，人們則拖拖拉拉、臉色發青地追尋著答案，但我想說，即使不那麼努力也沒有關係。

從另一個角度想，沒什麼用處也能活得好好的，不是一件更了不起的事嗎。別再顧慮別人的眼光，希望各位都能為了自己的幸福好好過生活。

我沒辦法改變那個人

曾任警察大學教授，身為犯罪心理專門分析師的表蒼園議員，曾經收到來自市民的一個提問：「如果周圍有反社會人格障礙（Sociopath）或心理變態（Psychopath）的人，需要避開嗎？好好開導、教化的話，有可能改變他嗎？」

他回答：「快逃啊，馬上。」表議員果決地再加了一句：「大家是絕對無法改變他們的，一定要趕快逃跑才行。要確認一個人是否為心理變態，必須經過專家長久的觀察與調查才能了解，請不要隨意相信或自行任意判斷。」

雖然反社會人格障礙和心理變態是非常極端的例子，仍有許多人想問：「萬一我的周遭有人發生這種問題，要怎麼做才能改變他呢？」這類型的諮詢通常有一個共通點，那就是當人們問「可以改變嗎」的同時，就已經下意識地相信「努力的話，就可以改變」了（即使實際上要改變，的確是很困難的一件事）。

那些看似有問題的人在經過周圍人們的幫忙之後，最終徹底改頭換面的設定對我們來說並不陌生。我們常在教育節目裡看到，不愛吃飯、缺乏集中注意力，或者愛說髒話的問題兒童，經過專家探視，改變生活環境之後，搖身一變為嶄新的面貌。這類型的綜藝節目也層出不窮，例如主角上節目接受諮詢後說出「以後一定要改變」，接受眾人的鼓掌，並以他周圍親友的正向訪問內容作結。以前也看過整形和減重等改造素人的節目，結局是女主角的老公變得不再家暴了，我還記得因為最後的轉變太極端而感到荒謬無比。

我們在媒體上看到的改造都經過剪接和操作，只是一種極端的表演而已，不論是從電視、書籍或演講中認識那些改變的人，我們都無從得知他們之後過著怎麼樣的生活。即使他們真的改變了，但要像所謂的「高中畢業神話」或「國考合格筆記」那般成功的機率也很渺茫，只是頗具新聞價值的佳話。儘管如此，因為一直不斷接觸到類似的故事，才讓這種「人可以改變他人」的啟蒙敘事，在不知不覺間滲入許多人的心中。

我認為像平岡公主（譯註：韓國民間童話，高麗的平岡公主執意下嫁傻子溫達，用智慧與財富將溫達改造為威風的大將軍）般的故事，只會讓大部分的平凡人受苦，甚至可能破壞人際關係或團體文化。

人類不會因為他人的強求或啟發而改變，唯有自己下定決心想要改變，為了過和之前不同的生活，拚命努力才有可能成功。精神或意志力不夠堅強的普通人，大部分都是看似稍微改善之後就故態復萌，恢復成以前的樣子。尤其是想改變的是煙癮、肥胖等生活習慣，甚至是要改變暴力傾向、憂鬱症、人格障礙等主要人格問題就更加困難了。

想用愛和努力改變有問題的人是個很美好的希望，實際上也的確有可能發生，但明擺在眼前的現實，就是可能性真的非常低。這並不是要你放棄，而是希望你能了解，改變這件事本身就是那麼困難。

世界上之所以有法律、福利制度等規範，並且持續修正、進步至今，就是因為光靠個人意志很難改變或限制自己。想要看清現實，就必須得適度地死心。假如只看見情況朝好的方向發展時的美好未來，就會不小心忘記現實。

有一段祈禱文說：「請讓我完成我所能作到的最好，請給我放棄我作不到的勇氣，請賜予我能夠分辨這兩者的智慧。」若總是糾結在作不到的事情，就可能連作得到的事都不小心放掉。將專家該作的事情交給專家，我們則負責自己作得到的事就好。時間拿來用在有價值的地方都不夠了，我們有權利讓自己變得幸福。

不懂，就別輕易批評或瞧不起

每次我搭計程車時，都忍不住緊張地想：「拜託，希望這次讓我遇到好司機吧。」因為我爸開公車開了二十年以上，所以我知道開車是多麼累人的事，但這並不表示我內心的壓力就會因此變少。我雖然盡可能理解、包容，但每次搭計程車還是有相當高的機率會遇到不好的司機，讓我很難控制自己怦怦狂跳的心。

原本是為了更方便才搭車，最後卻用不愉快的心情付錢下車。不論是哪一種不親切的司機，都不是很好應付，例如老是愛爭論政治話題的人、說話語氣總像在發怒的人、開車方式很莽撞的人，或是一直逼問私事的人等等。

我累積了許多不愉快的搭車經驗，並時常與人們分享搭計程車的回憶。女生們大部分都深有同感，表示自己搭計程車時也曾有過不好的回憶。有趣的是和男生分享的時候，大部分男生都說他們搭計程車時幾乎沒有不愉快的經驗，真的很不可思議。例如：「搭計程車有什麼好不愉快的？」（太多了無法一一列舉啊）「一般不都是搭上去之後跟他說目的地，然後就睡著了嗎？」（女生一個人搭計程車的時候才不會睡覺呢，尤其是晚上）。

說到這裡，不禁要提到我弟似乎有一種能力，可以治療人們的憤怒調節障礙。這不是指他能夠醫治人，而是多虧了他身高一百八十公分、體重一百公斤的健壯體格，又因為打從慶尚道出身，說話的語氣有點生硬，所以即使他只是好奇發問，也會換來別人懇切的道歉。基本上，像這樣的人會覺得這世界上的所有人都很親切，就連我偶爾跟他聊天的時候，也都會懷疑我們是不是住在同一個國家。

比方說，跟我弟聊過之後，我才發現每個人的計程車經驗竟然如此不同，令我大吃一驚。聽了大家的說法，我發現坐計程車時沒有不好經驗的人大致上分成兩種反應，一種是會靜靜聽你說的人，例如：「我是沒發生過，原來也會發生那種事啊。」另一種人則會說：「哎呀，怎麼可能。是你太敏感了吧」、「你怎麼都會遇到這種怪人，到底哪裡有這種人？」讓我無言以對。

我腦海裡靜靜浮現出一幅景象，是我生平第一次出國旅行時的回憶。在我大學時，第一次去英國住了將近一個月，那時我發現了一個神奇的景象，那就是不論坐公車、搭地鐵、走在路上或在咖啡廳裡喝茶的時候，都會常常遇到身障人士。由於在韓國不會那麼常看到坐輪椅或者拄枴杖的人，所以一開始我想：「英國好像有很多身障人士耶？韓國就沒有那麼多……」但事實上，並不是英國有很多身障人士，而是韓國的身障人士連出個家門都很不容易，然而等我知道這個真相，卻是很久以後的事了。

性別平權是最近韓國最重大的社會議題。由於一九九〇年代後出生的女性不同於之前的世代，從小就接受男女平等的性別教育，她們從小學時就知道女生也能當班長直到長大，但過了二十歲之後，才驚慌地發現學校教的跟現實狀況不一樣。

她們發現過節的時候，都是媽媽一個人在廚房準備，在日常生活中也遇到許多性別不平等的待遇，甚至周圍有不少曾遭受過性騷擾或約會暴力的女性。而「江南站廁所殺人事件」則帶給她們極大衝擊，於是開始向外界吐露，在韓國作為一個女性有多麼艱難。（編註：二〇一六年五月，一名年約二十歲的女性在首爾江南站附近的廁所慘遭殺害，根據兇嫌供稱他並不認識該名女性，只是認為生活中的所有女性都看不起他，因此憤而隨機犯案）

問題是，當這些人訴說身為女性所感受到的實質恐懼時，周圍的反應並非「雖然我不太懂，但的確有可能發生這種事啊」，而是徹底忽略她們的意見，對她們說：「是妳太敏感了」、「辛苦的不是只有妳啊，大家都很辛苦」、「我周圍都沒有發生過那種事」等等。

因為不太了解，就把本人沒有經歷過，但對某個人來說是正在發生的事實當成莫須有，這種情況實在太多了。最後遭受這種待遇的人為了替自己發聲，便會採取更粗糙、更激烈的手來表達自己的憤怒。

就像孩子們認為自己看到的世界就是全部一樣，他們因為無法想像別人的處境，所以會把初次見到的事當成固有的狀態。他們不會區分你我，只以自己為中心觀察這個世界。因為他們認為大人一開始就是大人，所以如果跟他們說外婆就是媽媽的媽媽，可能會讓他們大吃一驚。

小孩也常會說一些在大人眼中根本「沒大沒小」的笑話，比方說，他們會驚訝地問：「老師也有爸爸媽媽嗎」，也會在問完「老師跟老公還有男朋友住在一起嗎」之後笑得無比燦爛。孩子們玩躲貓貓的時候，會覺得自己沒看到，別人也看不見，所以不會把身體藏起來，只是遮住眼睛呆呆站著。

因此，對於不知道的事就假裝沒發生過，是非常孩子氣而幼稚的行為。如果無法對別人保有想像力，就會變得容易討厭別人、壓榨他人，並對別人的錯誤開始挑三揀四。

世界上有許多人活在不同的立場與利害關係中，自然而然地，每個人感覺到的都不同，這並不是必須親身經歷才能了解的事。雖然沒辦法以他人的立場生活，但可以為了瞭解彼此發揮想像力和同理心，這就是為什麼有人說想像力也是一種對他人的愛。我們閱讀、創造藝術，不也是為了培養這種高階的能力嗎？

生為女兒身的我，不了解男人的苦衷。所以當男人在討論當兵話題時，我便在一旁靜靜地聽，聽完了之後也只會說：「原來如此，一定很辛苦吧。」不然，沒當過兵的我還能再多說什麼呢？

然而奇怪的是，這種反應竟然會讓男生覺得很感動。因為不知道，所以承認自己不了解；因為不了解，所以不會隨意批評或忽視，然後告訴對方，我還想聽更多我不知道的你的故事。持續進行這種換位思考，我們才能不互相厭惡，才能彼此對話。

雖然很麻煩又困難，但我還是想要努力嘗試，也希望其他人能用同樣方式對待我。即便沒辦法以站在他人的立場生活，但可以為了瞭解彼此而發揮想像力和同理心。

缺乏同理心讓周圍的人跟著生病

我坐在計程車裡，廣播傳出前總統朴槿惠的新聞，司機向我搭話說，他不知道總統作錯了什麼，之後又把話題轉到世越號說：「雖然孩子們很可憐，可是身為總統也沒有什麼能作的嘛。」

原本只是靜靜聽著的我，忍不住插了話。對於我的反駁，司機大哥回答：「過去的事就應該放在心裡啦，他們的父母不是已經拿到巨額賠償金了嗎？那麼多錢都可以算是中樂透了。」

我聽了他的話，最後問道：「那如果是司機大哥您的小孩，您也會這樣想嗎？」他說：「當然囉！雖然辛苦但還是要忍耐啊。」於是，我在抵達目的地前提早下了車。

所謂的感同身受，就是要發揮想像力站在別人的立場思考，以同理心試著了解他人的感受和觀點，這種能力是人類天生具有的珍貴才能之一。有研究指出，無法體會他人情感的心理變態患者在全人類中最多只佔二%，剩下的人類天生就有體恤他人的能力，並藉由這一點使社會產生連結。但你不覺得奇怪嗎？感覺這些人的數量應該比二%更多才對。我不禁懷疑是不是因為這個社會偏好「酷」（譯註：韓文中的酷，有酷炫、冷酷之意），才量產出這些後天缺乏同理心的人。

我不和沒有同理心的人當朋友，因為我知道他們會害周圍的人一起生病。沒有同理心的人會毫不在意地傷害他們周遭的人，即使不是惡意所為，卻依然產生惡意的結果。因為他們在作出決定時，沒有考慮到其他人跟自己一樣是人，發生問題被批評時，便馬上會推卸責任。和沒有同理心的人長期交往下去，原本好好的人也可能會變得情緒不穩，自信心大幅下降。

最不幸的是，假如這些沒有同理心的人是你的父母、上司或社會領導階層，因為他們無法理解自己的行為會對他人造成影響，為了達到自己的目的，可能會不擇手段地犧牲他人。他們乍看之下可能很冷靜或很有原則，感覺是個理性的人，但是對他們而言，其他人就只是數字或工具般的存在罷了。若和這種人處於上下關係，一旦在精神上遭受霸凌也很難以個人的力量抗衡。

尤其是社會階層較高的人若缺乏同理心，我們便會因此付出沉痛的代價。許多心理學家指出，前總統朴槿惠的人生經驗相當封閉，那樣的成長環境讓她不得不深陷於陰影之中。

她十歲進入青瓦台，在那裡生活了十八年，直到她二十七歲，對她而言，青瓦台就是她的家。在她二十二歲時母親去世，二十七歲時父親去世。二〇一二年她參選韓國總統時，曾上過SBS電視台的「Healing Camp」節目，在節目上道盡她那些年來經歷的坎坷，甚至說：「我現在看那些悲傷的電視劇，都覺得那算不上是什麼悲傷了……。」

人要是經歷了極大衝擊，便會下意識地啟動扭曲現實的防禦機制來保護自己。世越號慘案發生當天朴槿惠的種種舉動，例如找來髮型師替自己挽起頭髮、召開記者會時面無表情地流淚、反問記者「世越號事件是去年還是前年」等等，都是因為沉重的過往導致她缺乏同理心。像這樣欠缺同理心的人的言行舉止，必須適度受到社會的制約。假如這個社會重視人民個人的幸福，就不應該選擇這種缺乏同理心的人作為領導階層。

即便在普通的關係中，也必須嚴格區分言論自由和欠缺同理心所導致的暴力行為。比方說，有些藝人曾在媒體上毫不在意地提到自己過去某段時間曾霸凌別人、在有需要的時候偷過東西，或是在訪談中大放厥詞，甚至把這樣的故事寫進歌詞。每次看到他們把這些事情說成好像某種英雄事蹟時，都讓我冷汗直流。

世上的麥克風數量是有限的，假如這樣的人不斷提高自己的音量，其他弱勢的聲音就不會被聽見。網路上的留言也經常出現類似情況，如果生活和人際關係過於狹隘，只熟悉在網路上與人交流，對人們的印象就會變得模糊而過於籠統。所以看到學生就說他們是「屁孩」，說大嬸們是「三寶」，長輩則被說成「廢物老人」。像這樣將人貼標籤分類後加以嘲弄，對這個世界一點幫助都沒有。

當世越號往生者的家屬進行絕食抗議時，社群網站 ilbe 上竟發起了前往光化門吃披薩和炸雞的「暴食抗議」，這也是一件讓人對人性徹底感到匪夷所思的事件。連人類基本的倫理都可以背棄，又怎麼能夠把這行為說成是保守與進步的問題或言論自由呢？

經歷了世越號這個社會共同的慘痛記憶，我們都變得跟以往有些不同了。我重新感受到人並非如花般美麗，而且這個世間滿是壞事。但只要世界上仍有一絲希望，人類就會像以往一樣，具有感同身受的能力。

這是人類與生俱來的能力中最偉大的一種，這種感同身受不是指「我經歷過所以知道」的意思，而是指「雖然我不太懂，但也有可能那樣啊」的那種高階想像力。即使到最後都不懂，人們還是會努力嘗試想要理解。多虧了這種機制，我們會自然而然地想要探索每一個人的故事，讓我們能夠慢慢地好起來。

距離事件發生後已經又過了好幾個四月，我們正一同看著世越號浮上水面的樣子。

別為了得到認同勉強自己

身長大約六十公分，尾巴長約五十公分，體重不超過五公斤。三角形的耳朵豎立在圓圓的頭上，眉間和兩頰長著白色的毛，而眼睛下方紅棕色的直條紋，更增添了可愛的感覺。這隻肚子和腳閃耀著柔順的黑色光芒，長得像狸貓和狗混在一起的動物，名叫「小熊貓」。

客觀而言，小熊貓長得很可愛。動畫電影《功夫熊貓》裡的師父，就是以小熊貓作為原形，不僅外觀長相，就連行為舉止也都讓人覺得可愛至極。我也曾經這麼覺得，以為牠就是可愛而已，但實際上卻有很大的反差。

根據小熊貓飼育員的共同心聲表示：「有很多人因為小熊貓長得可愛想養，但牠們不喜歡人，個性也過於激烈，因此沒辦法當成寵物飼養。」原本覺得牠只是有著可愛外表的溫馴小動物，沒有感受到什麼獨特之處，但知道牠有著如此反差的一面後，反而覺得牠獨特的性格令人感到親近。就像小王子喜歡玫瑰一樣，不大了解的時候，會覺得他只是眾多選擇中的一個，一旦了解之後對方就會成為你的唯一。

我們之所以墜入愛河的理由，大概也是因為成功發現了對方「讓人意外」的那一面，對吧？所謂人們愛另一個人，就是會特別留意其他人看不見，或覺得沒什麼大不了的地方，並從中發覺特別之處。從對方的興趣、口頭禪、喜好等，找出和自己的共通點，並基於那之上增添一點彼此的色彩，完成像是客製化般的戀愛。之所以對分手後傷心的人說：「天涯何處無芳草，何必單戀一枝花？」也無法為他們帶來慰藉，便是因為這個緣故。

我們所有人都有缺點、弱點，疏忽和無法預測的一面。我們在各種欲望和人際關係中以不同的面貌生活著。人們雖然會努力表現出他人期待的樣子，或者配合外在條件呈現適合的樣貌，但所謂的人類，則是比那更高一層的立體存在。

小說家金薰曾說：「看起來像記者的記者、看起來像刑警的刑警、看起來像檢察官的檢察官，這些都是被勞動所害的人。一個人必須不被看出來以何維生，才稱得上是完整的人。」

我很喜歡他說的這段話。我們沒有必要為了被他人認同，假裝演出從一而終的樣子。要坦然表現出自己獨有的特別面貌，才算完成真正的我，就像那既凶暴又惹人憐愛的小熊貓一樣。

請尊重個人取向

韓文裡有個詞叫作「取向納粹」，指一發現別人的意見跟自己想法不同時，就會馬上攻擊對方的人。

聽到這個過於激烈的字眼，讓我想起有個已經不在同一家公司的前輩，他曾經問我：「妳喜歡哪些作家？」於是我說了想到的人：「金××、崔××，還有李××。」前輩說：「大概可以猜到文正喜歡什麼風格呢。」然後下個月，前輩提出的企劃案上寫著：「這個企劃的目的，是為了啟發那些讀金××、崔××，甚至還會讀李××作品的人。」

無需用皮耶·布赫迪厄（Pierre Bourdieu）的「文化資本」（le capital culturel）或《區隔：品味判斷的社會批判》（*La Distinction*）等論述取向的理論說明，我們也早就知道，所謂的喜好可以依據當事人的經濟水準與成長環境進行預測，因為喜好會根據個人所屬的階級自然形成。興趣是高爾夫球的五十歲，和喜歡爬山的五十歲不太一樣；喜歡聽流行音樂的二十歲，和愛聽爵士的二十歲也不一樣。

喜好是一種我們渴望實現的理想國度，我們一邊追隨著帥氣的朋友、模仿喜歡的藝人的思想和說話方式，一邊成長為大人。我看過很多人因為喜歡村上春樹，所以像他一樣把跑步當成日常運動，並且跟著愛上品嚐啤酒。

喜好也會成為一種團體的生活方式，例如一九九〇年代，韓國社會的全民運動是音樂鑑賞和閱讀。當時，人氣歌手的唱片可以賣到百萬張以上，家裡有某位歌手的整套歌曲全集，是件很普通的事。除此之外，即便我每天看書，卻也因為大家都說自己的興趣是閱讀，所以我不好意思說喜歡看書，擔心自己在別人眼中是一個毫無可看之處的人。

近年來的全民運動則是看電影、看 Youtube 影片和打電動、旅遊等等。所以只要遇到旅遊作家，我就會想，這個人如果說自己的興趣是旅行一定很尷尬，忍不住在心底偷笑。就像以前很少人說「我不喜歡看書」一樣，最近說自己「不喜歡旅行」的人也很少見。

如果所謂的個人喜好只是一心想得到他人認同，不斷否定自我的話，這和個人日記被公開檢查又有什麼兩樣呢。面對自己真正喜歡的事物應誠實以對，不要忽略別人的意見，才能讓這個世界顯得更多采多姿。

首先，就從互相尊重彼此的取向開始吧！

如何成為那個唯一

有著永遠的茱麗葉之稱的世紀大美人奧莉薇亞・荷西（Olivia Hussey），曾經上過一個脫口秀節目，主持人問她：「妳應該被求婚過很多次才對，但妳是怎麼確定李奧納・懷汀（Leonard Whiting）就是妳的唯一呢？」

只見荷西突然遮住了主持人的眼睛，她問：「我的眼睛是什麼顏色的呢？」主持人還沒來得及作答，荷西便說：「他就是唯一回答得出來的那個人。」

我們每個人都像是一本等著被閱讀的書，希望某個人可以不放棄地把自己讀完；希望別人不要只是讀個大概，就假裝很懂隨意發表意見；希望有人可以在讀完其他書之後，發現自己這本書獨特的價值。

那麼，我們實際面對別人的時候又是如何呢？托馬斯・曼（Thomas Mann）在其著作《托尼奧・克律格》（*Tonio Kröger*）裡，以「你被（用那種方式）處理了呢！」來表現我們用寥寥數語輕易將人貼標籤歸類的狀態。換句話說，就是假如我們被別人「處理」了，雖然會因此發怒，卻也同樣會隨意地「處理」他人。

想要聽清楚別人說的話，就得放低自己的音量。將判斷往後挪，先細心觀察別人是件意外困難的事，也因此在人類作得到的眾多事當中，才如此具有價值。

留心觀察之後，感受到更多的人會是那些想得更多的人，想得更多的人則會是那些看得更多的人。看得更多的人則因為站在各種立場觀察世界，因此連自己沒有度過的人生都能體會。如此一來，我們也能成為對他人而言那個唯一的人。

只要不厭世，失敗就不是失敗

有些人很厭世（cynical）。所謂的厭世不只是一種負面情感，而是打從心底認為這世界不會發生重要的事或好事。而厭世的基本思考模式，例如：「就算試了也沒用，未來不會因此改變。」厭世感並不像外向或內向這種屬於先天的個性，反而是透過經驗學習後加深。

沒有人一生下來就厭世。厭世是累積了一堆從「該不會」變成「果然」的記憶，也是當原本期待的事情接二連三失敗時，為了自我保護而形成的防禦機制。

小時候，大人或他們給小孩看的書裡都會說：「努力是不會背叛你的」、「正義是勝利的一方」、「職業不分貴賤，人人生而平等」、「貧窮並不可恥，只是比較不方便罷了」。學校也會透過社會、道德、倫理等科目，教導學生公共的義務、責任、法律與公眾道德等等。

然而，孩子們在成長過程中會慢慢了解到，實際上努力是會背叛我們的，甚至是經常背叛，世上充滿著不合理與不義。醜陋的事物和讓人無法理解的人，往往比它們的相反還多。貧窮則是一件既不方便，同時又會讓人感到可恥的事。

在領悟到學校學到的世界和現實世界大相逕庭的過程中，人們的心會留下很深的傷，而要不受傷害的方法，就是不再期待。厭世的人除了會說：「掙扎是沒用的」，也會在看到別人拚命掙扎，最終卻還是失敗的時候說：「看吧，我就說會這樣」，所以有的時候，他們會給人一種像是深諳世上道理的賢明之人的感覺。環顧四周，你會發現身邊盡是些容易讓人變得厭世的環境。

戀愛、工作、結婚不再是人生自然而然會經歷的階段，而是得殷殷期盼、拚命努力才能達成的夢想。以放棄一切的「N拋世代」（譯註：韓國網路用語，三拋世代指的是放棄戀愛、結婚、生小孩等三件事的世代，五拋世代則再加上房子和履歷，N拋世代則是放棄N種事情，也就是全都放棄的意思）為始，誕生了許多看來荒誕的新興用語，例如：「地獄朝鮮」、「甲方行為」、「土湯匙」（譯註：韓國新興用語，對比金湯匙，嘲諷出生背景不好的人）等，甚至現在這些詞對我們而言已經見怪不怪了。

大多數青年畢業後繼續打零工，或領著跟物價相比低到不行的薪水。只有極少數人能享有令人稱羨的好工作，而這些碩果僅存的工作機會在未來甚至會更少。如此看來，或許我們父母那一代是相信努力可以得到回報，覺得世界會越變越好，還能抱有正面期許的最後一代人了。

當然，像這樣對世界抱有不滿是正常的，但要是對世界的反應淪為厭世的話，便只剩下不好的事了。就像幾乎不跟話不投機的人說話一樣，如果對改變不抱希望，便不願意採取任何行動。換言之，比方說如果房子空了很久，也不會維持原樣，而是會積累很多灰塵，四處出現損壞。我們每天的打掃擦拭雖然似乎看不出效果，但至少房子的狀態不會變得更糟。

當我們一邊抱怨不平或發洩怒氣的時候，也不要停止對我們想要生活的世界提出意見。雖然沒有小時候學到的世界那麼美麗，但千萬要記得「搞不好有可能……」的初衷。沒有最好的話就選第二好、沒有第二好的話就要選第二不好的，只要抱持著這種務實的念頭，便能避免淪落到最糟的處境。

現在我們生活的世界，可說是過去反種族歧視主義、反戰主義、女權主義等理想主義者們極力追求的世界。當然，世界不會是一味正面的。所謂的不厭世，就是要你徹底回顧現在所站立的位置，鼓起勇氣直視現狀。即使無法憑一己之力改變世界，至少你的人生和你的周圍，也會有那麼一點點不一樣，不是嗎？

重點就是千萬要記得，當你一邊抱怨不平或發洩怒氣的時候，也請不要停止對你想要生活的世界提出意見。

不要凡事只想溫柔忍讓，美好人生才會來臨

我曾經跟一個軍官交往，雖然是軍人，但他的工作時間和一般人無異，都是正常上下班，所以我們可以常常見面。

剛開始談戀愛的時候即使才剛見過面也還是想見，所以即使是平日晚上也會時常約吃飯。

我總是抱著期待的心等待，然而對方卻越來越常在道歉後臨時取消約會。通常這種時候他的理由都只有一個：「上級指示。」

由於他說明的狀況對我而言實在難以理解，所以我常常問：「這一定要下班之後才能做嗎？為什麼做事這麼沒有效率呢？」

最後男友會說在部隊裡不能問這種問題，並且向我解釋：「部隊裡跟外面有三件事

不一樣，合理性、效率跟人權。」

二〇一七年八月，「奴隸公館兵」事件燃起了大眾的怒火。起因是陸軍司令官夫妻對公館勤務兵做出超乎想像的殘酷行為，導致一名士兵試圖自殺。

在輿論的壓力下，經過調查這才揭發出一連串惡行，服務夫妻倆的勤務兵必須二十四小時戴上電子手環，隨傳隨到，即使在勤務時間結束後也沒有個人自由時間。要是不聽話就威脅關禁閉，甚至把腐爛的水果或熱燙的煎餅直接丟在他們臉上。

退役的公館勤務兵A先生在訪問中表示：「最辛苦的地方，是他們把士兵當成下人般使喚。」報導刊出之後，有過類似經驗的證言如雪片般飛來。

比方說，畢業於名門大學的人，被挑選作為司令兒女們的私人課後輔導老師，還必須管理公館旁的菜園，接受司令夫妻的語言暴力及暴行則是家常便飯，簡直是現代版的「私奴婢」。

根據陸軍規定，公館勤務兵僅可在長官級的指揮官批准下，執行管理設施、聯繫指揮統治室、準備餐點等官方任務，而前文所述的業務內容明顯違反了規定。

我任職的媒體想要報導跟這個事件有關的內容，因此邀請幾位剛退伍沒多久的大學生進行訪問。我們提出的第一個問題是：「你曾經在軍中被甲方行為欺侮過嗎？」原先我們以為他們會抓住機會侃侃而談，沒想到他們一開始的反應卻是：「在軍中被甲方欺侮嗎？想不太起來耶……」、「好像還沒有到甲方行為那麼嚴重。」

我們再問他們，有沒有像這次奴隸公館兵一樣遭受到不當待遇，他們想了好一陣子之後說：「仔細想想好像有耶，但在那個時候並不覺得這就是甲方行為。因為在部隊裡這是非常理所當然的事，現在想想是甲方行為沒錯。」

在網路上搜尋奴隸公館兵事件，大部分的留言都是「該爆的還是爆出來了」，或者是「我也經歷過類似或更嚴重的事情」。

問題總是一直存在著，只是沒人把它當成問題而已。

我從奴隸兵事件看見了世界正在進步的希望，例如上命下從的軍令不應被濫用在私人事務上，以及軍人享有人權，我們必須予以尊重。這些再自然不過的道理，過去都因為一句：「軍中就是這樣的地方啊」而輕輕放下，但實際上，沒有什麼地方就是「那種地方」。

當有人願意站出來大聲的說出：「不管怎麼說，這也太過分了吧？」世界就會漸漸開始改變。

別再說「大家都是這樣過來的」、「得饒人處且饒人」，當我們決心不再對不合理的惡習睜一隻眼閉一隻眼時，世界就會真的開始變好。

二〇一七年十月，韓國國防部廢除了公館兵制度，在制度建立後走了六十年才終於走到這裡。

PART 3

如何鍛鍊自我表現的肌肉

人生積極向上，鬼話嚴正拒絕！

我人生中第一次出國的目的地是倫敦。

因為無論如何都想出國一趟看看，我努力存錢，然而打工時薪才三千五百韓圓，就連應付生活費都相當吃力。正當我感到灰心的時候，在倫敦學語言的學姊告訴我，若是不嫌棄的話她在倫敦的住所可以讓我借住。這個消息真是令人驚喜，光是能省下住宿費就等於幫我一個大忙了。

雖然也曾想：「萬一她只是說說怎麼辦？那豈不是太失禮了嗎？」不過想出國的心情，讓我拚命忽略這些念頭。所謂的面子和禮貌，這些人性中美好的部分，好像大部分都是從錢包裡出來的。

大學三年級的暑假，我買了特價來回機票，帶著約一百萬左右的韓圓飛往倫敦。儘管三餐只靠司康充飢，主要景點大多是逛免費美術館，卻仍然覺得非常幸福。當時，有一個韓國男留學生住在學姊的隔壁，不知道是不是因為塊頭太大的關係，稍微動一下都會讓他汗流浹背。

閒談中他問我除了倫敦之外還會去哪裡，我說要去兩星期後舉辦的愛丁堡國際藝穗節（Edinburgh Fringe Festival），於是他開心地說自己也想去，既然這麼巧，就一起訂巴士和住宿，錢之後再一起算就好。我心想他真是好人，便向他道了謝。

巴士從倫敦出發，到達蘇格蘭愛丁堡前，我問他住宿地點是哪間旅館，他才在巴士上說：「妳跟我一起住雙人房就好，當然，床是分開的。」我聽了只能回：「你說這是什麼話啊？」並向他抗議要是先跟我說明，我就會事先找好別的住宿，沒想到他卻說：「床是分開的，到底哪裡有問題？如果是英國女生的話，根本不會介意這些。」這令我不禁啞口無言，彷彿自己是個有公主病的女生一樣。

如果是現在，我應該會先飆他幾句髒話再說，但那時候的我只默默地說：「那我們就在這邊各走各的吧。」然後就分道揚鑣了。一下巴士，我馬上動身尋找住宿，但因為是旺季所以沒有空房。雖然跑了超過十間旅館，卻都無功而返。

我在路上邊走邊哭，心想：「我才想說事情怎麼會這麼順利呢，大邱的鄉下土包子想出國旅行根本就是不知分寸啊，你看，現在報應來了吧。」但人都來到這裡了，只會一直哭也不是辦法。總之先到舞台區去看藝穗節的表演，參觀完愛丁堡城，傍晚之後再前往車站，準備在車站過夜。

在把打算熬夜看的書拿出來的時候，兩個女生跟我搭話：「請問，妳是韓國人對吧？」她們看到我的書發現我是韓國人，於是想向我問路。我回答後兩人向我道謝，並問我住在哪裡。我告訴她們自己是來進行愛丁堡兩天一夜之旅，但訂的旅館出了點問題，所以今天晚上決定夜宿車站。想不到，竟得到了令人意外的提案。

原來她們住的房間是三人房，有一個床位還空著，可以免費讓我住，問我要不要跟她們走。

真是不敢相信，我怎麼可能會這麼幸運！不知分寸想出國玩，搞成現在這副德行，我原來就運氣不太好說……但再怎麼樣，狀況還會比現在更糟嗎？

再三苦惱後，我跟著她們回到旅館，房間既寬敞又乾淨。等我洗去滿身大汗之後，姊姊們為我拿來了紅酒和起司。她們兩人都是三十歲出頭，在首爾的廣告公司工作，利用年假出國散心。

那一天，我對第一次見面的人說出連家人也不曾說過的事，從一個人待在車站的理由開始，到原本就不幸的身世——雖然自尊心很強，但也覺得很自卑，人際關係因此產生問題，大學畢業之後想靠寫作維生，但感覺好像沒辦法等等——一股腦兒地全都說了出來。

姊姊們跟我說的話則完美無比，對二十出頭的大學生而言，三十歲出頭的上班族女性是非常了不起的大人。那一夜，我從人生前輩那裡聽了太多當時想聽的話，像是「妳現在正在經歷一場勇敢的旅行啊」、「妳很棒」、「妳可以的」等等，都是些溫暖的鼓勵。

那時，我感覺到心中像是火苗的東西被點燃了。那一晚，我興奮到無法成眠。到了隔天早上，我穿上了在韓國因為擔心別人眼光，沒有針織外套就不敢穿的無袖洋裝。把寫有姊姊們電話號碼的便條紙收進包包，走出旅館。

「為了證明姊姊們的話是對的，我必須作給她們看才行。」那些在韓國從來不曾有過的念頭也豁然浮現，例如：「我好像是個幸運的人呢。」

假如那時在巴士上不好意思拒絕，強迫自己覺得「不會有事的啦」，然後跟著那個男的一起走會怎麼樣呢？也許就無法遇到這麼幸運的事了吧。萬一發生了什麼狀況，恐怕還會聽到別人說：「到底憑什麼相信那個人，讓妳願意跟著他走？」

打從那天之後，我成了一個和從前截然不同的人。

我開始一個人去旅行，當我看見新事物時，也會想要先挑戰看看。像這樣一邊享受著冒險，屬於自己的人生口號也就此誕生：「人生要積極向上，鬼話要嚴正拒絕！」

如何和經常越線的他們對話

心理學用語中有一個詞叫做「個人空間」（Personal Space），指個人為了感到舒適必須佔有的空間。每一個國家的人認為合適的身體距離都不同，據說日本是一點零一公尺，美國則是八十九公分左右。

日本人認為的安全距離比美國人遠，而相較於美國，韓國人跟日本人的觀念較為接近。比方說，在電梯裡跟陌生人靠得太近會覺得怪怪的，坐捷運時如果有空位，也會盡量選擇離別人遠一點的位子，這些行為都出自於想要守護「個人空間」的本能。

人類學家艾華・T・霍爾（Edward T. Hall）曾說：「所謂的個人空間並不只單純表示物理上的距離，而是心的距離。」我們會跟陌生人保持一定的距離，只聊一些跟天氣有關的簡單話題，但對親密的人則可以坐得很近，聊天話題也會更加深入，便是因為我們心中為他們保有的個人空間不一樣的關係。

對這點夠敏感的人會根據親近與否，與他人維持適切的距離，使人際關係變得更加圓融。另一方面，不夠敏感的人則會不停越線，作出不適當的發言或提出踰矩的問題，讓對方感到無所適從。

即便是同樣的問題，也會因為提問的人、提問語氣的不同而獲得不同答案。對於那些沒有保持適當距離，一股腦兒上前丟出許多問題的人，就要用適合他們的回話去應對。你必須一邊守護自己的個人空間，一邊盡量避免讓他人尷尬，用這樣的方式結束對話才行。

接下來，我將介紹一些實用的方法。比方說，有人對你提出意圖不明的問題時，建議不要輕率回應。例如不熟的人或上司突然問你：「最近很忙嗎？」你可以回答：「啊，課長您好像更忙呢，最近過得如何呢？」如此一來，對方通常會先回答你的問題，然後才敘述自己提問的原因。也許只是單純的問候，或者是為了交給你一項任務，待你聽完之後再告訴他自己的狀況也不遲。

我個人的經驗是，當不熟的朋友突然在社群網路上私訊類似的問候內容時，大部分都是為了發喜帖給你。這種時候可以回問：「你呢，最近過得怎麼樣啊？」待掌握對方詢問的意圖之後，就可以回：「恭喜你啊，但我最近有點忙，可能不能參加婚禮了。」

即便知道對方發問的意圖，但不方便回答的時候，試著轉移焦點也是個好方法。比方說被人家問「妳是女權主義者吧」，這時不要立即回答是或不是，可以先反問對方：「所謂女權主義具體來說是指什麼呢」、「為什麼你會這樣想呢」，當你反問時，重點是不要表現出不悅的樣子。如此一來對方便會開始解釋：「覺得女權至上的人，不就稱為女權主義者嗎」、「因為我剛剛聽妳說……」，接著對方會發現自己的論點太過薄弱，很快就會轉開話題。

至於那些讓人搞不清楚發問意圖、回答起來會很尷尬，或者感覺會引起爭議的問題，單純聆聽也是一種方法，反正我們本來就不可能跟所有人都能進行討論。比方說，遇到不熟的人問你：「覺得朴槿惠前總統怎麼樣」、「你對於最低時薪調漲有什麼看法」，只要把發表意見的球丟回去就好。

一般來說，對方大多是想要對你講道理或者測試你的想法，你可以說：「我沒有想過那方面的問題耶。」這個技巧能幫助你，在不動聲色的前提下迅速結束對話。

這些默默入侵個人空間的人，大部分都是不太了解你，只是從你身旁一閃而逝的過客。就算遇到不得不和這種人待在一起、面面相覷的狀況，他也不是你需要分享自己深層情感的人，不用勉強自己開放你的個人空間。

每個人對個人空間的定義都不同，你可能會在還沒有做好心理準備時，遇到認為自己有資格對你侵門踏戶的人。若要按照自己的步調延續關係，不想被對方牽著走的話，就需要準備獨到的應對方法。

儘管要一邊保持態度平和，一邊守護個人空間的界線並不容易，但越困難就表示越有價值，而且這和「守護自己的方法」有著密不可分的關係。

要告訴他們不能這樣啊

出版了《我是地方大學的約聘教師》、《代理社會》等書的作家金敏燮，在寫作之餘也靠代駕工作維生。

有一次他接到委託代駕的電話，客人的位置大概在開車十分鐘左右的距離，他回覆知道了。不過依照約定時間到達後打了好幾通電話，對方卻遲遲沒接。金敏燮在那裡等了二十分鐘左右，最後決定回家。到這裡為止還是很常見的劇情，然而讓我印象深刻的是，在那之後金作家的處理方式。

他在社群網站上寫下了自己接下來的舉動：

通常遇到這種狀況，一般司機都會疲於奔走，焦急地問：「請問您在哪裡」，然後對方若是取消叫車，也就這麼算了，會很快忘記，但我今天不想這樣。

我傳了一封簡訊給這位客人：「我知道您已經走了，所以幫您取消叫車。但我因為您的關係準時抵達指定地點，這已經算是一個人的勞動過程，像您現在這樣斷絕聯繫是一項很卑鄙的行為。」

我不知道他會不會看到這封簡訊，但我希望他明天早上起床看到這封簡訊時，能多少覺得自己有點丟臉就好了。

雖然客人的確可以因為臨時狀況取消叫車，但沒有知會司機一聲，就等於佔用、搶走了對方的時間和機會成本，甚至連其他人叫車的機會都一起奪取了。假如這個人具有同理心，能夠想像他人感受到的不便，就不會作出這種事了。

像這樣雖然有預約，卻沒通知要取消，最後沒有出現在約定地點的客人被稱為「No-Show」。根據韓國現代經濟研究院報告指出，二〇一六年餐廳、客運等服務業，在接受預約後卻沒現身的比例高達二〇％。同年度因 No-Show 而導致的虧損，高達四兆五千億韓圓。

所謂預約就是一種和對方的約定，然而韓國人卻對這種「約定」沒什麼概念。因為有太多預約後不出現的韓國人，國外甚至有些地方不接受韓國人的預約。最近服務業開始透過預付和訂金制度嘗試減少 No-show 的比例。一週前取消的話可以全額退還，如果無故 No-show 則必須接受處罰。無故取消的人會被罰款或者取消下次預約的權利。

這個制度讓大眾了解，如果造成別人不便，自己也必須承受相應的代價，效果非常顯著。實際上，韓國的航空業開始執行預訂處罰條例後，No-show 的乘客與之前相比，竟減少了三分之二以上。

倘若人們像這樣在日常生活中遇到無禮之人時，變得更願意警告他們：「那種舉動很不恰當」、「這樣會讓我感覺很困擾」，是否就能使大眾的價值觀開始產生變化呢？如果一直對他們的行為視而不見，就會有客人繼續提出無理的要求，甚至說出：「明明其他地方都可以，為什麼就這裡不行呢？」而那些愛把「別人都沒問題，為什麼就你最敏感呢」掛在嘴上的人，也不會因此減少。

我們應該要像金敏燮一樣，必須讓那些過於自我的人感覺到羞愧，所以需要培養自己擁有說出事實的果斷力。

為什麼你必須學會自賣自誇

《SHOW ME THE MONEY 6》結束了。我不是很愛看選秀節目，但唯獨這個節目從第一季開始就忠實收看到現在。尤其是唱嘻哈的人特有的態度讓我很是欣賞，因此變得更愛看了。其實聽人訴說自己的故事，看他們充滿自信地高喊：「我是最棒的」，會讓人感到無比痛快。

相較於其他選秀節目的參賽者，在評審面前都會無條件低頭，乖乖聆聽評審們的評語，並且不時點頭。那些評審委員簡直就像宣告生死的醫生，或是下達判決的法官，所以我看了總覺得不是滋味。

我也不喜歡評審老是抓著參賽者作得不好的地方指責，讓那些個性十足的年輕人臉上無光。然而《SHOW ME THE MONEY》節目上的參賽者，態度都很理直氣壯，甚至讓人感覺有點目中無人。如果對評審結果有所不滿，他們會當場理論，也敢斷言沒有比自己唱得更好的人。

一開始看的時候，我都會想這些人的自信究竟從何而來，不禁感到無言，但越看越久，就越發現那種理直氣壯的迷人之處。雖然稻穗越成熟，頭就垂得越低，但那是成熟之後的事。反觀我們自己，是不是在成熟之前就先學會低頭了呢？

嘻哈音樂原本就是尚未成熟的人所發出的怒吼，也是他們在成熟之前對揠苗助長的世界作出的抵抗。嘻哈的起源，就是肩上扛著一台巨大的攜帶型收音機，一邊在街上昂首闊步、放聲大喊。

居住在美國哈林區（Harlem）的黑人和西班牙裔的青少年因為沒錢買樂器，只好利用現有的唱片混音作出音樂。又因為這個地區的種族歧視嚴重，晚上常有種族歧視主義者出來亂開槍，並且表示：「（因為你皮膚太黑）晚上看不太清楚，所以沒發現呢。」黑人為了對抗這樣的惡行，便開始在路上大喊表示「這裡有人」，這就是一開始的饒舌（Rap）。

有人說裝模作樣是存在感不足的人發明出來的東西，貧窮的黑人因為一無所有，所以極力想要證明自己。大部分 Rapper 喜歡在自己名字前加上「MC」當作暱稱，MC

是「MIC Controller」的縮寫，也就是「支配麥克風的人」的意思。其他還有 Crown、Doctor、King、Genius 等，也都是從必須誇耀自己才能存活下來的嘻哈精神而來。

嘻哈的穿搭時尚同樣源自於貧窮階層，嘻哈潮人習慣把鞋子、T 恤、褲子全都穿得很寬鬆，這是因為住在哈林區的貧窮黑人大多穿著不合身的衣服，才成為潮流傳到別的地方。貧困的人買衣服會希望能夠盡量穿久一點，所以為了預防以後長高、變壯，就先買了跟現在尺寸不合的大號衣服。當這種現象變成一種文化之後，嘻哈時尚現在已經獲得人們認同，成為一種表現自我的酷炫方式。

「缺乏」這件事本身雖然代表一種弱勢，但只要堅守自己的信念，依照不同展現給別人看的方式，「缺乏」也可以變得偉大起來。大部分藝術家工作的方式皆是如此，越是像韓國這種忙著打擊彼此自尊心的威權式國家，越是需要這種嘻哈精神。

別一味盲從別人的評價，別對威權點頭稱是，要尊重（respect）自己。如此一來，當有人說：「你們就安靜待著吧」的時候，不願意安靜的人才會越來越多。

顯而易見的是，比起世上其他人對自己的看法，自己怎麼看待自己才是最重要的。黑人作家詹姆斯．阿倫（James Alan）在短篇小說《活動空間》（*Elbow Room*）中寫了這段文字：

「這是我爸爸、還有住在紐約的大哥告訴我的。在這個世界上不管是什麼，想要得到的話，就一定要學會自賣自誇才行。」

「那是為什麼呢？里昂。」老師用不耐煩的語氣問道。

「因為……」那名小小的少年挺起了胸膛：「因為自己不稱讚自己的話，就沒有人會稱讚我啊。」

練習如何優雅地果斷拒絕

我的老公常常被稱讚看起來人很好的樣子，但長得看起來人很好，缺點就是太容易被人拜託。

雖然已經畢業好幾年了，每年新選出來的學生會長還是會打電話來，請他幫忙看看網站，拜託他看一下企劃案或提案書內容的請求更是不計其數。雖然他的工作和文字完全無關，還是會有人想請他看看自己寫的文章。老公每次都為了完成被拜託的事，延後自己要作的事情，甚至因此熬夜工作。

像這樣時常收到請託的人，因為不想放棄被稱讚「你人真好」、「果然沒有你不行」，或者不想讓對方失望，便會過度鞭策自己，拚命直到氣力全失。然而在人際關係中，依據重要程度去分配時間與能力是相當重要的一環。假如是失禮的請託，當然最好是直接拒絕，但偶爾會遇到曖昧的情況。比方說，雖然想跟對方維持好現在的關係，但狀況或者本身能力不適合接受請託的時候，就要找出盡可能不會傷害彼此感情的方法拒絕。

若是想妥善拒絕對方，就得先樂於接受別人的聯繫才行。藉由這樣的互動，才能將「雖然我很想接受你的拜託，但情況不允許」的訊息悄悄傳遞過去。接到聯繫之後一開始不要擺出不情願的態度，應該要熱情且仔細聆聽對方說的內容，然後再說「謝謝你給我這麼好的機會」、「謝謝你願意把這麼重要的任務交給我」，表達由衷的感謝之意，如此一來拒絕對方時才不會讓他太過受傷。

之後不要馬上回答是否可以接受，而是先問「什麼時候要給你確定的答案」比較好。萬一問了之後發現是急事，或者今明兩天就得回覆，就表示這件事他原本想找的第一順位可能不是你，也許已經拜託別人卻被拒絕，之後才來找你。

如此一來，你在拒絕的時候就不需要感到太抱歉，直接告訴對方最近比較忙可能沒辦法，當下立刻拒絕也沒有問題。如果是這麼急的事情，對方也知道這樣的請求可能有點過分，會預先做好不成功的心理準備，因此即使被你拒絕也不至於太過消沉。

像這種有時限的請求要是你一直拖時間，直到最後才表示拒絕，可能情況會變得更加混亂也說不定。對方可能會說：「原本以為你會幫忙的，事情都安排下去了，到現在才說不行要怎麼辦？」讓你產生罪惡感之後，也許就此陷入拒絕不了的困境之中。

如果距離給出確切答覆前還有一點時間，你可以回覆自己必須先確認行事曆再連絡對方，然後結束談話。考慮個一、兩天之後如果覺得還是不行，這時再聯繫對方，表示雖然很想幫忙，但因為「最近家裡有事情」或者「公司業務太繁重」等等，所以有點困難。

先這樣表示之後，假如費用或日程上還有可以商議的餘地，再直接提出自己的意見。如此一來對方就會盡可能認真了解你提出的意見。如果日程實在空不出來，也可以試著推薦身邊幫得上忙的其他人。

假如你因為怕被對方討厭，或者怕拒絕會使對方離開自己，而總是用接受不合理請求的方式來維持人際關係的話，副作用就會越來越嚴重。在關係的天平中佔較重的那一方，明知不合理卻仍舊一直拜託他人，被拜託的人則被扭曲的人情與被害意識綁住，總是在不知不覺間，變得過於敏感且意志消沉。

當你接受別人拜託的時候，心情無論如何都一定得是放鬆且欣然接受的。如果你已經有禮貌地拒絕請求，對方還不停要求、抱怨甚至批評，那麼這種人就不適合再繼續交往下去。

想聽別人稱讚自己是個好人，又想變成善於拒絕的人，不過是一種癡心妄想罷了，兩者之間要選擇某一個適度放棄。你必須承認，就像你有拒絕別人請託的自由，被拒絕的人同樣也有對你感到失望的自由。如果想在所有人面前都當個好人，只會在眾人之間被任意擺布而已。

雖然想跟對方維持好目前的關係，但狀況或本身能力不適合接受請託的時候，就要找出盡可能不會傷害彼此感情的拒絕方法。

你沒有太敏感

「青蛙之所以會冬眠是因為牠們是變溫動物。人就不會冬眠，對吧？為什麼會這樣呢？」班導師在孩子們之間走來走去說明，接著把他的手伸進我的T恤裡面，揉捏著我剛開始發育的胸部，說人的體溫就像這樣跟外界溫度無關，會一直維持溫暖。

為什麼是我？我覺得既羞恥又丟臉。這是我國小四年級時發生的事，當時的班導是只剩一年就要退休的男老師。雖然已經過了二十年，但直到現在，當我聽到有人說到「性騷擾」這個詞的時候，依然會鮮明地想起當時發生的事。

在我的成長過程中遇到的性騷擾不只這一件。高中時，有老師一邊揉著我的耳垂一邊把嘴唇靠在耳朵附近悄聲說話；大學時也曾因為打工的前輩們一直追問我跟男友的私事，而令我感到困擾不已。在威權關係中越處於弱勢、年紀越小，就越容易被性騷擾，因此和男性比起來，遭受性騷擾的女性壓倒性地多。

二〇一七年美國知名電影製片哈維．溫斯坦（Harvey Weinstein）爆發性醜聞，成為引發「Me Too」運動的契機。他藉由職務之便，要求受害女性與其發生性關係，並表示答應的話會對她們在僱傭條件上更加有利，以此作為哄騙的伎倆。性騷擾中常常會出現跟利害關係結合的職場性騷擾案件，即使受害者被侵犯卻仍舊找不出解決辦法。

根據韓國勞動僱傭部調查，職場性騷擾報案件數呈現逐年增加的趨勢，二〇一二年有兩百六十三件，二〇一六年則上升為兩倍以上，有五百五十六件，而實際上未報案的件數恐怕更多。

至於近日被報導的嚴重性犯罪行為，例如DB集團秘書遭性侵案件等，法律上則可循另外的途徑處理。雖然我對法律的部分不太清楚，不過對於日常生活中可能會碰到的性騷擾，我想說明該怎麼作才不會放任怪物作亂，還有遭到性騷擾時應該如何應對。

當你遭到性騷擾時，首先該作的第一件事是不要再想「可能是我太敏感了吧」、「他應該不是那種人才對」。如果你一開始覺得這沒什麼而輕忽大意，接下來就會很難制止對方，或者很難表達不悅的感受。如此一來，很可能會縱容犯錯的人，或是讓他有機會反過來指責受害的自己。

實際上，韓國女性家族部在二〇一五年調查職場性騷擾狀況時，遭受性騷擾的人中有七八．四%回覆自己沒有作出任何行動，只是一味地容忍。他們選擇忍耐的最大理由是「覺得不是很嚴重」（四十八．七%），第二名則是「即使去報案似乎也沒辦法有效解決」（四十八．二%）。

聽到這樣的說法，不覺得奇怪嗎？雖然感覺被性騷擾，卻不覺得很嚴重？然而更大的問題是，有越多這樣的人，就會有越多性犯罪的加害人用「你太敏感了」的說法，替自己的行為辯護。

請相信自己的感覺，「覺得不舒服」本來就很主觀，不需要經過別人的同意。

第二件要作的事是不要笑，就算你很難扳起臉拒絕，至少也不應該笑。有很多女性遭受到性騷擾的時候，因為太過驚慌，一時之間不知道該做什麼反應才好，便不經意地笑了起來。甚至就連拒絕時，也都擔心自己的態度過於強硬，只好勉強尷尬地笑。

從聊天軟體等社群網站中收到性騷擾留言，或者曾對自己性騷擾的人傳訊息過來，在回覆的時候，也有很多人會用「哈哈」之類的字句來帶過。加害人會利用這點，當作以為對方也對自己有好感，或者沒有表現出明確拒絕的證據。

經常作出性騷擾發言的人中，有很多人看到他人因為難堪而苦笑的樣子，都會誤以為是自己的表現很風趣。他們會自以為講了個有趣的黃色笑話，但在尺度拿捏上卻完全失敗。

實際上，貿然犯下嚴重言語性騷擾的人相當少，一開始都是開一些讓人不悅的玩笑，接著尺度越來越大，若是對方沒有表現出拒絕的樣子，他們就會擅自解釋為正面回應，最後犯下嚴重的錯誤，所以我們不能留任何餘地給這樣的人。

我在群組或私訊收到騷擾的色情圖片或影片時，基本上讀完後都不作回應。之後如果不得不和對方聯繫時，也幾乎不會提到與那有關的事。比方說，我也曾開過和性有關的玩笑，學妹卻完全沒笑，所以在那之後，我便絕口不提類似的玩笑話。

對於讓人不舒服的話語，與其草率地回應，不如乾脆「已讀不回」，會來得更有效，就直接讓對方吃閉門羹吧。

此外，如果感覺不太對勁，就必須避免只有兩人單獨相處的情況。若不得已必須單獨互動的狀況下，就要盡可能留下各種文字證據，也可以錄音。許多受害者總認為「這次應該不會了吧」、「他應該不是那麼壞的人啊」、「他除了這個之外人還滿好的啊」，相當類似於被家暴的妻子看待丈夫的心理狀態。

實際上，人們連自己的意志都時常會背叛自己了，怎麼可以這麼輕易相信他人呢？

如果是健全的關係，打從一開始就不會讓你產生這些念頭。你會有這些煩惱，表示這段關係本身就是不健全的。

當你遭受言語性騷擾的時候，可以依據情況用類似開玩笑但明確點出問題的方式警告對方，也非常有效，例如：「請問您是覺得我很像女兒才這樣說的嗎？但我爸爸不會對我說這種話耶」、「如果把您剛說的話錄音放到網路上，您不覺得一定馬上就會鬧很大嗎」、「最近要是說這種話的話，下場會很嚴重喔」等等。

在韓國，第一件被認定為犯罪的性騷擾案件是一九九三年的「首爾大學申教授性騷擾事件」。當時在首爾大學某間實驗室工作的禹姓約聘助教，受到上司申姓教授不必要的身體接觸及與性有關的不當發言騷擾。

禹助教提出抗議後，申教授立即破壞了當初的約定，沒有推薦她續任工作。因此禹助教向申教授、首爾大學校長及國家提起訴訟，要求損害賠償。韓國民友會附設性暴力諮商所相關人士指出：「申教授事件是將有別於性暴力的『性騷擾』概念，導入法律途徑的契機。」當時「性騷擾」一詞的具體意思尚且不夠明確，因此甚至特別研究了從外國傳入的「Sexual harassment」概念。

在沒有「性騷擾」概念的一九九二年以前，難道韓國社會裡就不存在性騷擾嗎？當然不是！在我小的時候也沒有「家暴」這種概念，那時社會上普遍的認知是夫婦間發生的暴力並不會受到法律制裁。然而，最近甚至出現了「約會暴力」這個新名詞，表示過去被認為理所當然或者見不得人的事情，終於開始受到重視，被當成問題了。

總是被社會大眾問「你怎麼這麼敏感」的那群人變了，他們開始積極地向外大聲表達自己的不適。托他們的福，那些受到侵犯卻只能一味忍氣吞聲的人們也終於得以勇敢發聲。

性騷擾成立的條件是以受害者為中心，相當重視被害者的想法。因此受到衝擊時千萬不要強迫自己覺得那沒什麼，如果一味容忍或躲避，問題只會反覆發生，或更加惡化。重點是要相信自己的感覺，然後態度必須更堅決果斷。

專家強調，在日常生活中碰到性騷擾時，初期的應對很重要。如果不好表現得太直接，建議也要嘗試各種方法表達出自己的情緒。就像小孩子耍賴時要好好教訓一樣，如果觀望過後發現那些人仍舊不知消停，繼續騷擾的話，就要果斷地向他們說不才行。

儘管如此，假如還是無法制止對方脫序的行為，記得站起來轉頭就走，這是在生活中碰到性騷擾時最基本的應對方式。

過多的好意會被當成權利

老公，你知道嗎？據說請朋友來家裡玩，然後煮義大利麵請他們吃的人有很高的機率是不太會煮飯的人。因為只要照著包裝標示上寫的時間煮麵，在市售的現成醬料裡加入洋蔥和培根，把麵倒進去，拌一拌、炒一炒就完成了。

這個故事讓我想到瑪芬蛋糕，不論是多菜的烘焙新手，想把瑪芬烤失敗都是一件相當困難的事。一般在家烘焙失敗的原因，大多是計量錯誤、形狀不對，或加入麵粉、雞蛋、牛奶混合的時候溫度和時機不對。不過就算稍微有點失誤，烤出來的瑪芬成品和味道還是有模有樣，無論如何烤起來就是圓圓的，看起來很好吃的樣子。

我以前很喜歡作麵包。因為對自己很有自信，甚至覺得製作瑪芬這類簡單的點心根本不足掛齒。我主要都作一些拌麵步驟很複雜的吐司、肉桂捲、塔類點心，裡面加上一堆比乳瑪琳貴五倍的奶油。

我很喜歡聽到別人驚訝地說：「這真的是妳作的嗎？」所以曾經用火烤過鐵筷，在麵團上畫出眼睛和鳥喙，作成日式的小雞饅頭送給前男友的爸媽；那種雖然要發酵兩次、步驟很複雜卻能換來精緻外表的火腿麵包，我也作給前男友和朋友吃過。當時我認為喜歡的人們吃了我作的麵包，就會更喜歡我。雖然我現在不作那麼難的麵包了，但我不是也曾烤過瑪芬和餅乾給老公你吃過嗎。

我有跟你說過大學時交的男朋友嗎？那個時候我剛上大一，他剛當完兵回來復學，是跟我同系的學長。復學生和大一新生的戀愛，很單純不是嗎。因為學校活動，系上辦了小酒席，我作了一整天的下酒菜。當我和女同學們一起作煎餅和蔬菜炒火腿時，學長們坐在位置上喝酒。

煎一整天的餅，腰真的很痛，所以酒席結束之後我就到系上的休息室躺了一下。因為只想小睡一下，便用手機設定了鬧鐘。之後學長走進休息室時正好聽到鬧鐘響，想幫我關掉所以走上前來。他看到我設定的提醒上寫著「起床囉，公主大人」，之後便常取笑我說：「妳是有公主病嗎？」

有一天，學長用認真的語氣叫我「公主」，然後說他會像對待公主一樣對我好，要我跟他交往。即便是玩笑話也好，我連在父母面前都沒被叫過公主，所以非常開心。如果跟這個人交往的話，似乎能夠因此改變自己那總是缺乏自信的模樣。再說了，我不是對貧窮的味道非常敏感嗎？對於我不曾擁有的那些東西，我自然是非常清楚。然而這位學長並沒有散發出那種味道，所以跟他交往好像沒關係。

我在那之前也跟家裡沒錢的人交往過，因為雙方都很辛苦，所以什麼都不能作。學長是個在中產階級家庭長大、備受關愛的獨生子，個性很開朗。不是有種人因為缺乏被害意識，所以常覺得世界很美好嗎？每次我都很羨慕這樣的人。

那些不曾被無條件愛過的人，一旦聽見別人說喜歡自己，就會立刻覺得非常感激，而且會為了好好把握，覺得自己一定要付出代價。因為「自己」這個存在本身，從來沒有被誰愛過。所以總是太過拚命，想獲得對方的認可而把事情搞砸。

第一次一起度過的學長生日，我作了鮮奶油蛋糕給他。用心烤了蛋糕、塗上糖漿，加入牛奶和雞蛋，把鮮奶油打發用來裝飾，最後再放上草莓。他收到之後非常開心，還拍了很多照片。

只不過，為什麼男生一談戀愛或結婚，就會突然變成孝順的兒子呢？就為了他一句「我爸媽應該也會喜歡這種東西」，所以我烤了很多黑芝麻餅乾和日式饅頭，在父母節

（譯註：韓國將父親節、母親節合併為同一天，為農曆的5月8日）時帶去他家。又由於他平常是在家自己煮，所以我也作了很多可以久放的常備菜給他。真是……我那時還只是個二十歲的小女生耶，很好笑吧？

原本是因為喜歡才作的，但是到後來烤麵包、作餅乾、作菜給他，變得很像在交作業一樣。即使我上課、打工，回到家以後很睏，也還是要打起精神作麵包。每當我想到那時因為想要被愛、想被稱讚而過得如此辛苦的自己，就忍不住想給自己一個擁抱。老是覺得自己一直在犧牲的人，會在某個時刻忍受不了而爆發。雖然平時一副不求回報的樣子，其實比任何人都更渴望，所謂認可和關懷之類的東西。

當時的我就這樣忍氣吞聲地付出，某一天跟學長講電話的時候他說：「我媽生日快到了……妳要來看她嗎？」學長的言下之意，就是要我幫他媽媽烤一個蛋糕。我那時突然意識到了，雖然嘴上說想把我當成公主對待，實際上卻是當成奴婢，想著想著覺得心灰意冷。我很大聲地回應：「我又不是她媳婦，幹嘛要去？你不要把這想得太理所當然了！」那位學長嚇了好大一跳，之後他還曾經小心翼翼地問我：「難道妳是……女權主義者嗎？」

現在我偶爾才會作麵包，只有在我自己想吃的時候才烤。超市也有賣餅乾粉或瑪芬粉，份量都算好了，只要再加入適量的雞蛋、牛奶和奶油就可以輕鬆完成，既便宜又方便。就算要料理，隨便炒炒義大利麵感覺也很厲害。要送人禮物的話，只有真心想送的時候才送，在不勉強的界限內作自己想作的事。

過度的好意不只對給予的人有害，也會害了接受的人。有一句電影台詞說：「你要知道，過度的好意只會被當成權利。」不管怎麼說，我，還有我的心情才是最重要的，一直到現在我才真正懂了。

其實，我跟老公你結婚的原因，就是因為在一起的時候不用勉強自己。這樣才能走得長久不是嗎？唉呀，不是說跟你在一起我就抱持著隨便的心態，而是說你喜歡上的，就是我原本的樣子。

今天是週末，多睡一下再起床吃午餐吧。最近對面不是新開了一家麵包店嗎，那裡的墨西哥巧巴達麵包聽說很好吃，要去那邊吃午餐嗎？

面對傷口，勇敢一點吧

我認識一個幾乎沒有實際溝通，只在網路上接觸女性的男生。他腦海裡對女生的印象就是「很依賴男人而且自私」，結果就是自然而然懷疑起跟女生談戀愛這件事，有時還會感到憤怒地說：「那些比我還差的男人都可以談戀愛了，為什麼我卻不行呢？女生真的很奇怪。」

這讓我想起第一次出國旅遊的時候，每個國家的文化差異之大，著實嚇了我一跳。即使回到韓國之後，我也一直在思考那些差異。但想到最後卻變得只去注意韓國沒有的優點，和韓國才有的缺點。

隨著時間過去，我去了其他國家，有些不只幾天的觀光，甚至也有長達一個月以上的旅行，出國的經驗漸漸累積之後，才開始看見文化之間共通的東西。我開始找出普遍的事物，也漸漸不再對外國人抱有過度憧憬、不再對韓國只抱持負面的想法。因為只要看得遠一點，就會發現每個地方都很相似。

前文那名男生之所以對人的眼光太高，大概是因為他的經驗很少，只對一小部份的樣貌過於關注，觀念被偏見綁架所導致。就像我們如果遇到車禍，每個人都同樣經歷了一人份的不幸，儘管時間已經過了很久，有些人還是只注意自己的傷痕，自艾自憐，無法從對別人的怨恨中脫離出來。對愛情或異性過度警戒的人，也許是害怕受過傷的地方又再次受傷才會如此吧？但期待越大，失望必定也越大。

美國電影《生命中的美好缺憾》（*The Fault in Our Stars*）中，主角奧古斯都（Augustus）對得了不治之症的女朋友海瑟（Hazel）說：「我們無法選擇自己活在這世上會不會受傷，但至少我們可以選擇被誰傷害。我喜歡我的選擇，我希望妳也能同樣喜歡自己的選擇。」

我們應該跟奧古斯都一樣，多保留一分自在，在自我檢視傷口時也要變得更勇敢一點才行。由自己決定要跟誰相處、被誰傷害，是件帥氣的事，因為只有願意從傷口學習的人，才能變成更好的人。

假裝如此，最後就會成真

「人不是因為傷心才哭，而是因為哭才傷心的。」提出這個看法的詹郎二氏論（James-Lange theory），至今仍有許多現代學者投入研究，哈佛大學商學院企管研究所的艾美・科蒂（Amy Cuddy）教授正是其一。她在自己的著作《姿勢決定你是誰》（*Presence*）中主張：「就像心情可以改變身體一樣，身體也能改變心情。」

根據她的研究，其中最具代表性的不安症狀為「冒名頂替症候群」（Impostor Syndrome）。症狀是相信自己真正的能力不值得一提，並且害怕被別人識破這一點。比方說，獲得奧斯卡金像獎最佳女主角，同時也是哈佛畢業生的娜塔莉・波曼（Natalie Portman），就曾經在畢業典禮的演講上說：「我今天的心情，和一九九九年剛踏進這間學校作為新生的心情是一樣的。那個時候總有一點錯覺，覺得自己不是真正站在這裡。我並沒有多聰明，居然可以待在這麼了不起的地方，總覺得是有什麼地方搞錯了。然後我每次開口說話，都必須證明自己不是一個愚蠢的女演員才行。」

飽受冒名頂替症候群所苦的人，會對自己正在進行的事不以為然，或者認為自己其實沒有做那些事的能力，只是假裝在做而已。換句話說，就是自己把自己當成了騙子。艾美教授認為，我們身邊的冒名頂替症候群患者比想像中多上許多，那些成就越高，還有在別人眼中看來越厲害的人，越容易擔心自己的不像樣總有一天會露出馬腳。

若有這種狀況，艾美教授給的建議是，想改變自己的想法，就要先從姿勢開始改起。「presence」一般被譯成「存在感」，但她賦予這個詞更正面的意義：「為了將自己真正的想法、感受、價值與潛能發揮到極致，應事先做好心理狀態的調整。」

只要行事讓人看來充滿自信，不只別人，自己也會從某個瞬間開始相信那是真的。姿勢、動作、表情和身體習慣會決定心態，艾美教授的觀點也得到了實驗的論證。例如將佔有寬闊空間、能將手腳伸長擺出伸展姿勢的受試者，跟縮成一團、姿勢萎靡不振的人相比，荷爾蒙數值有很大的差距。睪酮是一種與決斷力有關的男性荷爾蒙，採取積極姿勢的人分泌的睪酮高出一九%，相對地，感到壓力時會分泌的皮質醇（壓力荷爾蒙）數值則低了二五%。

我們能夠透過肢體語言向他人傳達自己要釋放的訊息，同時也會對自己本身產生影響。如果你覺得自己缺乏自信，首先可以試著將說話時的微弱聲量拉高一度，並端正身體姿勢。積極確保自我空間的姿勢可以增加自信，據說也能使個性產生變化。如果你的煩惱是自信心不強，可以試著自我檢查，避免作出讓別人無法信賴的肢體語言。

當初艾美教授進入普林斯頓大學就讀時，據說也跟娜塔莉波曼一樣，覺得自己不是可以站在這裡的人。不過只要行事態度上表現出自己並沒有那麼想，很快就會開始掌握、熟悉那種感覺了。

我也曾有過這種經驗，只要說服自己「我是個有價值的人」，然後身體力行的話，在其他人眼中看來就真的會是那個樣子。只要持續相信自己是有價值的人，讓別人也那樣相信的時刻，就真的會在某個瞬間翩然到來。

不具溝通價值，就一笑而過吧

前文中曾經提到，我的老公常被別人說他「看起來人很好」。在我看來，老公跟電影明星瓦昆．菲尼克斯（Joaquin Phoenix）長得有點像，也長得有點像矽谷公司裡常見的那種亞洲宅男。

另一方面，我這輩子從來沒被人說我看起來人很好。小時候最常聽別人說「看起來很強勢」，最近則是常被說「把眉頭的皺紋處理一下吧」之類的話。由於跟看起來人很好的人住在一起，我反倒有一點受害的感覺。

比方說，我跟老公一起去上皮拉提斯課，皮拉提斯老師常用一種憐憫的眼神看著我老公，雖然覺得有點在意，但有時又覺得應該是自己太敏感了。沒想到最近老師問我：「同學，妳跟老公不太會吵架對不對？」我們是真的幾乎不會吵架，所以我回答是。

老師馬上露出意味深長的微笑又問：「每次都是老公忍耐退讓對不對？」我瞄向老公，他又擺出那種善良的笑臉。即使我說不是，老師大概也不相信，所以我也乾脆一笑置之。

這讓我想起，媽媽每次看到我都會說：「要對人家好一點。」阿姨們也會說一些「個性好的人，生氣起來真的很恐怖」之類的話。（但個性不好的人生起氣來不是更恐怖嗎？）

我如果說我對老公很嚴格，大家就會說我果然很兇，但要是說對他很好，大家又不相信，所以通常這種時候我都只有笑笑而已。

我們不需要對每件事都認真、嚴肅地回應。有時候不解釋，笑笑帶過反而是最好的回應。

PART 4

養成不被負面言語打倒的習慣

當他們低劣攻擊，我們用高尚回應

朋友們一個個開始生小孩了，聽到她們抱怨的內容，就會覺得在大韓民國當一個母親是件讓人壓力很大的事。媽媽們不只會被人以偏概全地說是「恐龍家長」，讓她們心生畏懼，育兒方法也常常被干涉，甚至還經常被不太熟的人教育一番。

一個朋友說：「可能是看媽媽一個人帶小孩好欺負吧，如果生的是兒子，就會被說家裡還是要有一個女生才好，甚至指責我為什麼不幫孩子穿襪子。奇怪，我為什麼要被完全不認識的陌生人這樣說啊？」

不只路上遇到的人，生活周遭也會湧入各式各樣的問題，尤其是社會上的弱者，越是少數階層，就越容易接到排山倒海而來的意見。對話從「你為什麼不……？」的疑問開始，接著會說「因為我經歷過所以我懂」，最後再以「像你這樣說這種話，之後一定會後悔」作結。

人總是傾向憑自己的經驗去理解他人，那些用「關心」的名義介入他人生活，提出忠告的人，只要聽一下他們的論點，就會發現他們大部分都相信自己的話是正確答案，並對此深信不疑。

雖然有些時候跟無禮的人大吵一番是有必要的，但也不能總是這樣。因為人的精力有限，人們比起正面的事，總會在思考負面內容時花上更多力氣。而且即使把不愉快表現出來，對方因此改變行為的可能性也非常低，這種情感的消磨就像往破了的水缸裡倒水一樣，有時會讓人感到無比空虛。

如果經常用無禮發言傷害你的人是家中長輩或者職場上司，那在現實考量下實在很難對他們發脾氣，因為他們可能是為你好才這樣說話，所以也不太好意思板起臉來。但光是一味容忍實在讓人壓力很大，為了讓彼此能夠不受傷地結束對話，必須事先準備好應付的對白。我遇到這種情況，主要會使用以下兩種說法：「原來您是這樣想的啊」跟「那我會自己看著辦的」。

如果有想要避免的情況，使用「原來您是這樣想的啊」這句話，就能輕鬆劃清界線。假如對方說出自己完全無法認同的發言，但情況不允許爭論的時候，看著對方不帶情緒地說出這句話，就可以有效中斷對話。一邊說，一邊把對話的重點放在傾聽上面，例如：「您會這麼想也是情有可原呢」、「原來您是這樣想的，我知道了」。

世代不同，經驗和所處環境也大異其趣，很自然地想法便會不一樣。甚至你的想法也可能隨著時間背景而改變，搞不好發現自己是錯的也說不定。若你能淡淡地一想：「原來那個人是那樣想的」，不僅對對方來說是種讓步，對你而言也是讓自己不要過於在意的暗示。如此一來，你就不會過度感受人生中遇到的每一句負面話語。

而在你不想回答，也沒有必要回答的時候，很有用的一句話就是「那我會自己看著辦的」。其實哪些話語是關心、是干涉，是愛或是教訓，聽的人內心都一清二楚。當你遇到鬼打牆的問題，例如：「什麼時候要結婚啊」、「有在存錢嗎」、「有弄早餐給老公吃嗎」等等，真的不想再回應的時候可以微笑著說：「這個部份我（我們）會自己看著辦的。」

即使遇到很想逃避的狀況也不要氣餒，請試著練習優雅卻果斷的拒絕方式，每天進步一點點。拒絕時嘗試使用自己獨有的語彙，就可以有效減少從人際關係而來的壓力。這裡的兩個重點是「不要因為每件事受傷」跟「不要被對方的步調牽著走」。

這讓我想起了，美國前第一夫人蜜雪兒・歐巴馬（Michelle Obama）在民主黨大會上，對川普攻擊他們夫妻倆的行為作出了間接批判，她說：「當他們低劣攻擊的時候，我們用高尚回應。」（When they go low, we go high.）

別為不帶感情的批評受到傷害

我曾是個會一直看人臉色的人，別人只要稍微批評一下，我就會過度反省，連路人說的話也都會反覆思量許久。

如果在我所處的團體裡聽到別人給自己不好的評價，我也會拚命解釋那是例外，自己絕不是那樣的人。比方說，聽到人家說「韓國女生約會都不付錢」、「女大學生崇尚名牌」之類的話，即使在我身邊根本沒看過那種人，也仍然會故意強調「可能很多人都那樣但我不會」。

然而這樣的我，經過一段時日的淬煉後，也逐漸變得不喜歡總是覺得抱歉了，我開始計較聽到的內容是真心、有愛的批評，還是想確認自己的地位，而將批判用擔心包裝起來罷了。想一想我自己也有很多明明不太懂，卻衝動脫口而出的話。有時缺點比優點更容易被看見，而批評別人的時候，自己也可能會獲得優越感。有時只是覺得幽默好笑而批評兩句，也有可能是因為羨慕才這麼做。

既然如此，別人也不一定是故意那樣對我的。因此我開始學習過濾那些沒有愛的批評、習慣性批判和缺乏敏感度的擔憂，就這樣過了幾年，找到了屬於自己的標準。

首先，要確認對方的發言是否發自愛和關心，如果判斷不是，在聽到的時候就要努力讓自己不去在意。例如逢年過節時才會遇到的親戚問：「什麼時候找工作」、「什麼時候要結婚啊」，他們只是因為沒有別的話好說，想搭個話而已，這就跟打招呼沒什麼兩樣。

這時不要因此受傷，只要禮貌地回答：「是啊，要趕快了」就好。對付那些想藉由提問展現自己權威的人，最好的辦法就是不要在意。這種人最愛說些讓人無從驗證的話，例如：「在我們那個年代可不會這樣」等等。

假如遇到讓人們大呼嚴重的事，也必須懷疑那是不是從前就發生過的小case。雖然有人說智慧型手機的普及導致個人主義開始盛行，讓人與人之間的交流變得困難，但一九七〇年代電視普及時，也曾經被說會讓共同體破滅，一副惟恐天下不亂的樣子。

另外，也經常有人批評新的流行語或簡稱讓世代間開始產生代溝，使語言被支解得更嚴重，然而一九八〇年時的年輕人也會用「屋掉渣」（屋頂上掉下來的豆渣餅）等字眼，來形容一個人長得很抱歉，當時也出現將其視為問題的報導，行文用字間充滿嘆息。

我們必須探討把這些現象視為問題的原因，是否反而是一種過度的普遍化或過度憂慮。例如在聽到人說「最近的大學是歧視的聖地」、「最近的小孩都很沒禮貌」的時候，不要馬上點頭稱是，而是要先確認對方說這些話的根據和意圖。

「最近的××都很××。」像這樣的言論大多是毫無證據便妄下定論，聽起來好像在憂國憂民，但其實大多是為了展現自己的權威，確認自己仍處於優勢地位罷了。

想要聽見重要的聲音，就必須讓周圍的噪音降低音量。偶爾被誰打擾的時候，你確實有喊聲「噓」的必要，不然自己真正的聲音便會被埋沒，無法被世人聽見。

鍛鍊心的肌肉

某個學妹向我傾訴她最近的煩惱，並且問我：「學姊覺得人生有趣嗎？」她說最近什麼都不想作，感覺作了人生也不會因此變得更好。她也不知道人為什麼一定要認真過活才行，總覺得圍繞在自己周遭的人際關係毫無意義，這種想要放棄一切的憂鬱持續困擾著她。

我說：「人生當然有趣啊，但我想每個人也都至少會有過一次，覺得為什麼自己如此可悲的經驗。」學妹嚇了一跳：「我還以為妳不會這樣想，學姊不是一向都……超級開朗的嗎？」

在別人面前假裝自己很好是多麼簡單的一件事，人們總是選擇一個適合自己的面具戴上，卻誤以為世上的其他人都沒有戴面具。而且明明討厭自己被單純地定義，卻總是擺出一副很懂的模樣恣意評斷他人。

婚後仍繼續工作的我，因為很愛笑，所以有人曾對我說：「妳大概沒有什麼煩惱吧。」但就像沒有工作、沒有結婚並不代表就不幸福一樣，看起來不錯的人生也不全然就是幸福的。幸福就像夏日裡吃的冰淇淋，享受完短暫的快樂之後很快就會消失。

「我好像還不錯嘛」跟「我為什麼這個樣子」的兩種念頭，像躁鬱症般反覆來去。對未來的恐懼所造成的不安、想成為別人而開始比較與嫉妒、不停對自己失望、想被愛、想被認同的渴望、小時候的傷痛等等，都會不時一湧而上。雖然想成為不受喜怒哀樂影響的人，想要少受點傷，或是想要更有自尊地活著，但從來沒有一次覺得那是有可能的。看看周圍的人，大家好像也都有著類似的煩惱。

世上關於身體健康的討論如此氾濫，為什麼想找關於心靈健康的討論卻那麼難呢？跟別人說「我的身體受傷了」似乎不怎麼樣，但要是說「我的心受傷了」卻像是暴露出一個很大的弱點一樣。就好比身體變弱的時候容易感冒一樣，我們也應該把憂鬱症想成是心靈變弱的時候染上的感冒。如此一來，在憂鬱忽然來臨的時候，人們才會湧現很快就能痊癒的希望。

精神科醫師許智賢曾說：「不安感不是需要被消除，而是需要被管理的對象。」就像對待稍有不慎就會發胖的身體一樣，你必須用類似的觀點去看待自己的心。

實際上人們維持正常體重的祕訣不是仰賴過人的意志力，而是憑藉對體態和健康的關注。原本喜歡的衣服突然變得很緊，就會覺得「該減肥了」，檢視午餐好像吃太多了，晚餐就不吃或吃少一點，並且透過定期運動鍛鍊體力，讓身體自然接受吃太多就會變胖、運動就會長肌肉的事實。

另一方面，厭食症患者則被「要一直保持苗條」的念頭綁架，不斷重複餓肚子、暴飲暴食、嘔吐的過程。因此，我們應該要鍛鍊心的肌肉，所謂的鍛鍊不是指讓情感的振幅歸零，而是要培養無論何時感到憂鬱，都可以迅速恢復的力量。而這樣的恢復力，正與人們渴望得到的「自尊」切身相關。

雖然想少受點傷、想更有自尊地活著，但從來沒有一次覺得這是有可能的。環顧身旁周遭的人們，大家好像也都有著類似的煩惱。我們唯一能做的，就是鍛鍊內心的肌肉，加強自己的心靈恢復力。

相信自己的人不會對別人的評價耿耿於懷

朴婉緒是韓國的小說家代表之一，她在年屆不惑時透過《女性東亞》雜誌的長篇小說徵稿，發表了出道作品《裸木》。

小說描寫了她在戰時，與隸屬於美軍肖像畫部的畫家朴壽根相遇的故事。選出《裸木》的評審雖然大力讚賞，卻又異口同聲地預言她大概只是個「一本作家」。因為她在書中將自己的特殊經驗具象化了，所以第一本書必定成為最後一本。甚至頒獎典禮時，投票給朴婉緒的評審一個都沒有到場。原本很希望從票選自己的文人前輩那兒獲得一些溫暖的鼓勵，無奈未能如願，朴婉緒在日後出版的散文集《世上的美好》中紀錄了她失落的心情。

朴婉緒在散文集中，回憶登上文壇之初時聽到的不祥預言，說自己也很擔心預言是否會成真，實際上她出道後也的確有好一陣子沒有接到邀稿，但她並沒有放棄，持續執筆不輟。

她寫了長篇小說《那麼多的草葉哪裡去了》、《那山真的在那兒嗎》、《很久很久以前的笑話》，也出版短文集《我教你什麼是害羞》、《媽媽的簪子》、《日暮的插畫》、《太淒涼的你》，積極在文壇嶄露頭角。

她以戰時的經驗為背景，將中產階級人生與生為女性的記憶作為素材寫成小說，直到因為癌症離開人世前都持續創作。二〇一一年，朴婉緒的文化貢獻受到肯定，獲追頒金冠文化勳章（譯註：由韓國文化體育部頒發的大眾文化藝術獎章，分為金冠、銀冠、寶冠、玉冠、花冠5個等級）。

此外，有著「韓國的村上春樹」美名，作品同時兼具文學性和大眾性的金衍洙也有著類似的故事。他在一九九四年出版的《指著面具行走》，獲得第三回作家世界文學賞，自此正式開始寫作生涯。

他出版第一本作品後得到的第一篇評論，標題是「短命的預感」。評論中不留情面地指出不知道他還能寫小說寫多久，想看笑話的話可以讀他的書之類的，這甚至是他第一本書的唯一一篇評論。

雖然金衍洙非常失望，但他並沒有放棄。他在散文集《小說家的工作》中寫道：「儘管如此，作家是不太會死去的。因為對他們而言，無論是作品本身或者書寫那個作品的過程都很重要。作品和作家一起同時被寫著，在作品完成的那個瞬間，那位作家的一部份也跟著一起完成了。這個過程不管在任何情況下都不會失去作用，就算國家把那個作家的作品全都用火燒光，他也沒辦法回到還沒寫出那些作品的他。只要是曾費盡心血完成一部作品的作家，就擁有可以面對各種嘲諷的力量泉源。」

人生說來也真是有趣，預言金衍洙的作品生涯會「短命」的那位評論家，現在已經不再發表任何評論了。人們總喜歡預測未來、發表預言，對周圍的人也是如此。無論對家人、對朋友、對同事，都很常說「你是很……的人」、「你好像會……的樣子」。一直聽到這些言論，當事者也不知不覺當真了，感覺好像真的會變成那樣。

每次聽到人家問：「我可以結這個婚嗎」、「我可以去考公務員嗎」，我都會在心底暗暗地想：「問這麼多，表示自己根本就沒有意願嘛。」內心容易動搖的人會期待得到別人的評價或意見，假如是抱持百分之百確信的人，早在問別人之前就已經開始進行了，根本沒有多問的閒工夫。

在生活中遇到無禮之人對你任意評價的話，只要想「原來那個人是那樣想的啊」，讓事情過去就好。不需要一邊斟酌「他說的可能是真的」，一邊讓自己感到不安。那種人不僅對你一無所知，也不會認真思考關於你的事情。過了幾年以後，就算你問「您記得之前有那樣說過嗎」，他也一定想不起來。

要是你反覆咀嚼這種話並且當真，不覺得自己很冤枉嗎？清楚你所有歷程的人只有你自己而已，相信自己的人不會對別人的評價耿耿於懷。每當我因為別人的言語內心有所動搖的時候，就會下定決心：「讓他們去說，我就作我的事。」

別在公司尋求心靈導師

「公司本來就不是什麼美好的地方，然而只要下定決心，就會開始矛盾地看見一些好的地方。」我讀了首爾大醫院精神健康醫學科尹太賢教授的著作《修復你自己》（*Fix You*）之後，把深有同感的書頁摺起來做了記號。

如果對公司抱有過大的期待，就會認為「公司怎麼可以對我這樣」、「上司怎麼可以對我那樣」，總是抱怨連連。

雖然設定一個理想國，朝著讓世界變得更好的方向努力是件很棒的事，但也必須同時考慮到，所謂「公司」這個組織具有的特殊性與限制。不然你的努力必定會白白浪費，因為公司本來就不是什麼「大家庭」。

我已經工作將近十年，認識了很多人。不僅曾作為一個組裡最資淺的菜鳥，也經歷過同時有前輩和後輩，年資夾在中間的時候，而現在工作的組裡，則大部分都是比我資淺的後輩。如今自己作為管理階層，開始看見工作不滿三年時不太清楚的那些事情。

尤其我見過許多對職場生活感到挫折的人，當然在那之中有很多是因為公司的策略不合理才如此。然而公司本身就是一個追求利益的集團，在辦公室裡遇到不好的人，或者高層方針跟自己想像中不同，其實都是很自然的。雖然聽起來可能有點冷漠，但不適合的話只要離職就好了，不需要因此自責或痛苦到落淚。

公司的上司「本來」就不是你的心靈導師，人不會因為年紀比較大、經驗比較多就自然而然變成一個賢明的人。雖然你可能希望有個人能像韓劇《未生》裡，指導社員張格萊的吳相錫課長一樣，不斷地在背後扶持、信賴自己，但那種人只有在戲裡才看得到。

你以為只要強烈表達自己覺得不合理的部份，公司的上司就會理解你的隱情，照著你的想法去做嗎？絕對不會有那種事的。

上司也是人，他們只是從高層承接業績壓力，煩惱何時可以完成工作的平凡上班族而已。一旦被後輩指責的話，即使理由合情合理，聽在他們耳裡也非常刺耳。所以當衝突發生時，絕對不要威脅到上司的自尊心，就算遇到不合理的事情，也不應該在眾人面前大肆批評。最好是等冷靜下來之後再個別面談，在柔和的氣氛下用諮商的形式對上司提問，便能避免不必要的情緒衝突。

而另外一個務必銘記在心的是，公司的同事不是你的朋友。人們總是對公司裡遇到的同事抱有過大的期待，如果是同期入社，就會希望同事的成績不要威脅到自己，然而為了不讓事情都堆積在自己身上，還是必須互相協助交出適當的業務成果才行。聚餐的時候還得跟你口徑一致地一起罵上司，不然這個同事就是個城府很深的人。

後輩的情況也很相近，希望他們學會適度地作好工作，好到不至於威脅自己的程度就可以。要聽得懂別人說的話，自己份內的事也得俐落地打點好。除此之外還必須懂得謙虛，不然這樣的後輩就是個自以為是或無能的人。

如果像這樣在心中擅自決定理想的公司同事形象，一直耿耿於懷的話，很容易就會造成公司內部的派系鬥爭，或者變成對後輩很苛刻的前輩。自己默默期待，但發現後輩離職或者同期的同事在背後罵自己的話，還會覺得「被背叛了」而暗自受傷。不過公司原本就是利害關係糾葛的地方，要交朋友的話還是在外面找吧。

此外，假如非常重視名片上的頭銜，甚至把頭銜當成自己，萬一日後守護的頭銜消失，你就會陷入混亂之中。因此不可以把公司或公司的人看得太重，別對他們抱有過度期待。假如公司是個會讓你自我成長，還能找到靈魂伴侶的好地方，那麼公司一開始就沒有理由付你薪水了不是嗎。

就像世界上大部分的事物一樣，所有的關係都必須在利害關係相互對應下才能維持長久。只要想著公司不會為自己負責，而且在公司建立的關係只是一時的，就不會認為必須給工作上遇到的人下馬威了。

過於自我奉獻的話，到最後可能會覺得被背叛，連哭都哭不出來。除了公司名片上的頭銜，請試著在工作之外，找到其他可以說明自己的東西吧。

當你工作的時候，記得不要對自己與公司要求太高，那樣對你的心理健康來說會比較好。

職場上司目中無人怎麼辦？

「妳的腦袋好像不太好耶。」聽到這句話，我腦海裡的保險絲彷彿啪地一聲燒斷了，拿著話筒的手不停地顫抖。

那是我從雜誌記者轉換單位，開始負責國內大企業數位行銷代理沒多久的事情。當時我提了企業大型活動的宣傳案，在上呈批准的過程中，負責人表現出過度神經質的反應。

剛開始，交接工作的人給了我一些忠告：「這位負責人比較怕生，所以一開始比較會找碴，也很愛發火，但只要他覺得你跟他是同一國的，就會開始對你很好了。」他還說，只要撐過六個月左右，應該就會進入安定期了。但在那之前為了「教育」新人，負責人大概會有一些苛刻的表現。

看我頓時傻住，他解釋說本來在這種等級的大企業上班的人，工作就是用上對下的態度待人，所以各自經歷一下這種歷練是有必要的。結果跟我交接的那個人腦裡長了腫瘤，留職停薪；前一個負責這項工作的人才作了三個月，就因為壓力導致視力產生問題，後來也離職了。看到這些例子，我暗自下定決心，為了不被挑三揀四，要更細心、更認真工作才行。

就在我拚命努力的時候，卻聽到這種讓人不舒服的話。其實我也沒犯什麼錯，只是想要再次確認負責人說過的內容，結果就被說成這樣。居然說我「腦袋好像不太好」，根本把人看扁了，這是非常低劣的狂妄發言。

那時負責人正在國外出差，我為了配合他的時間拿到簽呈，大概是在晚上十一點左右和他通電話。但我在聽到那句話之後受到沉重的打擊，那天晚上還難過得睡不著覺。如果說我不討厭他，那就是騙人了。有好一陣子必須跟他聯絡的時候，我的頭就會感覺非常沉重。

就算沒禮貌也要有個限度，不過面對如此目中無人，卻掌握著權力關係的人，我還能作出什麼反抗呢？即便真的反抗了，他也一定無動於衷。什麼都作不了的這件事讓我非常痛苦。

此外，每當負責人為了「教育」我，說出一些攻擊性發言的時候，我都變得越來越畏縮。他常將我逼到絕境，甚至到連我自己都覺得似乎太過份的地步，可是在那之後又會在別人面前大力讚美我。我漸漸變得像他養的寵物一樣，學著觀察他的心情，他稱讚我的日子整天都很開心，對我發怒的話，我就會陷入憂鬱，久久無法自拔。

在他的話語開始如影隨形般影響我的時候，我正好去聽了平常很喜歡的法輪法師（譯註：韓國佛教淨土宗僧侶，法名「法輪」，法號「智光」，同時也是社會運動家）的演講。一名女學生向法師訴說她的煩惱：「法師，我總是一直想到被別人傷害的事。我高中的時候在學校被霸凌了，毫無理由的就被同學罵了髒話，因為對方是男生，我怕被打所以沒有反擊，就靜靜待著而已。即便現在已經過了一年，有時想起來，還是覺得很痛苦。」她的狀況聽起來跟我很像，讓我不禁心痛起來。

法師問道：「走在路上突然有人給你一個東西，原本以為是禮物，結果打開一看卻發現是垃圾，那你會怎麼作呢？」提問的女學生回答：「丟到垃圾桶裡吧。」

法師接著說：「那些壞話就像垃圾一樣，雖然是話，但聽起來並不全然都像話，其中混著一些垃圾。那個人丟了垃圾過來，而你卻只是安靜待著。其實當你發現那些是垃圾的時候，就直接把它們丟進垃圾桶就好，但你卻把那包垃圾撿起來，一年之中一直帶在身上，等於是一直把垃圾袋打開來看的意思。你不但一邊想著『你怎麼可以給我垃圾』，還一邊把垃圾抓得緊緊的。那個人丟完垃圾以後就走了，現在請你也把那包垃圾直接丟掉吧。」

儘管很難一次就成功，但現在我很努力地學著把自己接收到的壞話垃圾丟掉。讓人感到不愉快的，是被沒有那種資格的人掌控了自己的情緒。我拚命努力讓自己這樣想：「雖然你給了我垃圾，然而只要我沒有接受，那些垃圾就是你的，不是我的。」

雖然不得不一起共事，但為了不被負責人牽著鼻子走，和他相處的時候我會在心裡默默劃上分隔線。開始這麼做之後，我的心情便越來越不會受到他的話影響了。不管他批評或稱讚我，只要覺得那與我無關，就可以少受一點傷害。無論他對我說什麼，我都能夠不帶太多情緒地回答：「好，我知道了。」然後回頭就忘了。

人們就像 wifi 一樣，可以在無形中傳遞、接收活力和能量。我表現出來的樣子雖然讓負責人感到驚慌，但也讓他發現到我不是等閒之輩。等到我不再渴望被認同的時候，他反而開始對我正眼看待，開始尊重我了。

若是以前他眼中的那些「乙方」，教育到這個程度，想必都已經束手無策地變成他想要的模樣了，但我並不是那種人。隨著時間過去，我們終於成為雖然不完美，卻能從中找到平衡的夥伴。他對我和公司都非常滿意，還跟我說希望我未來也能繼續工作。我們就這樣一起工作了兩年，之後互相致謝，瀟灑地分道揚鑣。我到現在想起他的時候，也不再有任何感覺了。

生活中偶爾會出現亂丟垃圾後一走了之的人，在收到垃圾後，有人會笑著面對、有人會怒目相視，也有人會不知該如何是好，讓自己變得氣力全失。當權力關係鞏固、對方完全不講理的時候，我們會抱著受傷的心反覆咀嚼對方的言論。因為自己什麼都做不了，我們只會一邊想著：「早知道應該這樣講才對……」，一邊感到悔恨不已。

我想推薦這個方法給正為上述問題困擾的人們。別再邊哭邊拿著連回收都不可能的垃圾了，請毫不留戀地把它丟進垃圾桶裡吧。

離「自尊心小偷」遠一點

每次升高一年級，換班級的時候，要交新朋友這件事都讓我覺得壓力很大，常常因此感到害怕。

雖然程度有別，但這種經驗每個人都一定有過。為了待在同一群好友的團體內，不曉得說了多少謊話。小時候朋友佔據了我人生中的絕大部分，我的快樂和悲傷基本上也是從他們而來。讀小學時每個孩子總有被輪流欺負的時候，我為了繼續留在團體裡，不曉得作了多少努力。

由於大眾媒體的影響，我們受「一輩子的朋友」這句話制約已久，無論在什麼情況下，都認為維持好關係就是所謂的「講義氣」。然而，彼此目前關心的事情已經不一樣了，見面時只能話當年，無法進行更深入的交流。每次聚會散會時都感覺莫名惆悵，但到家之後還是會在通訊群組說：「今天超開心的，下次再聚喔。」

戀愛也是一樣的道理，明明知道眼前這個人讓你很累，卻老是想著「都交往這麼久了」、「會覺得提不起勁來，應該是我太自私的關係吧」，而選擇讓關係繼續下去。然而，世上就是有那種彷彿在你身上插了吸管的人，逐漸吸走你的能量，也可以稱他們為「自尊心小偷」。

「人跟人在一起的時候，有時候感覺會比較大。有人跟我一起看著我喜歡的東西，光憑這個，要我開車開多久都好，就算現在窮到不行，心情也還是感覺很好。」這段對白出自於吉本芭娜娜的小說《海的蓋子》。

我試著翻轉第一個句子：「人跟人在一起的時候，有時候感覺會比較小。」處在好的關係中，自己的存在感變重了，就會湧現出彷彿什麼都辦得到的勇氣；但處於不好的關係中，人們則變得畏縮且小心翼翼。我想回到過去，對從前不斷跟那些人在一起的自己說：「跟他分開吧。如果很難馬上分開，至少先保持一點距離。」

在我周圍也有很多人，即使察覺到關係中的不對勁卻無法分開，還因此變得更缺乏自信，最後連分手的念頭都無法提起。從父母、朋友、情人、到職場上司等，隨著年齡增長，在他們身邊操控他們的對象也隨之改變。如果人生中不曾在某個關係中掌握主導權，那麼就只會不停被在成長過程中遇到的人任意擺弄。那些人就是一群越交往，越招來不幸的自尊心小偷。

第一種是把你當成情感垃圾桶的人。父母和子女之間，尤其是以感性交流的母女關係特別容易發生這種情況。我看過很多母親每次跟丈夫吵架，就向女兒大肆抱怨，最後變成習慣性地批評丈夫，並且覺得女兒要無條件地接受自己的情緒。

如果小孩不想聽，還會罵「你就跟你爸爸一個樣子」、「真自私」等等。然而小孩並不是為了接受父母的情緒才出生的。如果你的父母是這樣，在你小的時候也許無可奈何只好忍耐，但一旦成年了，建議要盡早出來自立比較好。不然就會被他們情緒勒索，無法去過自己真心嚮往的人生。

友誼或戀愛關係中也常有那種總是唉聲嘆氣，即使想對他訴苦，話題也很快就會轉移到對方身上的人。如果他不是因為暫時發生什麼狀況才如此，而是一直都這樣的話，建議最好跟這種人保持距離。因為這就是所謂不成熟的人，只會一味沉溺於自己的不幸之中，沒有餘力去尊重他人。

第二種是動不動就把「我本來就是這樣」掛在嘴上的人，跟這種人來往也會產生副作用。所謂的人際關係，本來就不應該是單方面的一味容忍，而要互相為對方付出才對。兩個人相處當然可能有不合的地方，也會產生摩擦。人與人之間關係的真正面貌，好的時候看不出來，不好的時候一切才會真相大白。

當彼此利害關係不同時，會說「我本來就是這樣」的人不僅很自私，沒有感同身受的能力，還會為別人帶來困擾。通常在這句話的後面，還會再多加一句「所以你要體諒我」，倘若他明白所謂的關係本來就應該彼此互相努力，就不會說出這種話了。而會說自己本來就這樣的人，代表他們知道自己在權力關係中處於上位，濫用了這樣的關係。

第三種則是會說「我不在意這些啦」、「我有點後知後覺嘛」的人，這種人也要務必小心。會說這些話的人大概都是想到什麼說什麼，會毫不在意地指責、批評別人，並且認為這是「直率」的表現。

別人並不是因為比較做作，所以才不對他說「你的舉止很沒教養」。人與人之間有必須遵守的界線，人們之所以選擇不罵他，是因為知道那是給對方的一種尊重，才決定謹慎處理。

通常這種人容易寬以待己，對他人則相反地給予強烈批判，害周遭的人過得非常辛苦。他們雖然經常批評別人，不過一旦自己被批評的話，則會因為憤怒而失去理智。你的周圍如果有這種人，你可能會經常受到指責，不僅讓人失去自信，也沒辦法暢所欲言，心中充滿憤恨不平。

變成大人的好處之一，就是可以選擇減少見到討厭的人，也可以更自由地跟朋友聚在一起。我一邊跟許多好人相處，跟他們深交，也一邊在不好的關係中觀察自己的樣子。我發現幸福與否跟相處的時間長短沒有關係，而是由關係的深度來決定的，有深度的關係和相處的時間不見得成正比。

現在的我在人際關係上不再強求，有些人雖然認識很久，但一旦發現聚在一起變得有些尷尬的時候，就暫時不要見面；若有人對自己說話不客氣，我會先提出幾次警告，如果狀況更嚴重，就會拒絕來往。如此努力地將喜歡的人留在身邊，不知不覺就會發現來到身邊的人都是些更好的人。我認為所有關係都是有可能改變的，因此仍在不停努力當中。

鄭玄宗的詩〈訪客〉中有這麼一段：

一個人的到來
其實是件天大的事
因為他

是帶著他的過去
和現在
還有他的未來一同到來

我們會在所有關係中受到每一個人的影響，並將那些影響帶給下一個人。一個人帶給另一個人的影響，其實是不容小覷的，因此要像從珠寶盒中挑選寶石一般，慎重抉擇人際關係。

我只要見到常為身邊的人哭泣的人，就很想對他說：「你知道嗎？其實你比那個人重要多了。不要跟讓你哭的人在一起，要跟會逗你笑的人在一起。」

結婚不是為了當家事幫傭

我在結婚典禮上聽見新娘大聲朗讀著結婚宣示：「就算吵架，不管有多生氣，還是會幫老公煮早餐。」雖然大家拍手大笑著表示贊同，但我的表情卻凝結了。

我的腦海裡浮出一堆疑問：「明明是雙薪家庭，為什麼女生一定要幫老公準備早餐」、「為什麼不管發生什麼事，最重要的第一優先都是得做飯呢」，然而新郎的誓詞中並沒有這一段。

我知道，我所認識的這位新娘和新郎都是很好的人，她只是想要表達會好好照顧所愛的人，懷著純真的心說出誓詞。我從以前就認識新郎，他並不是特別大男人主義的人，但聽見她說的話，新郎卻笑得開懷。在會場一同點頭稱是的雙方家長，還有熱烈鼓掌的賓客們，大家都是懷著「好意」，用溫暖的目光看待這件事。因為每個人都是這樣生活，因為和睦而圓滿的家庭基本上就是這個樣子。

但就像「通往地獄的路是由善意鋪成的」這句話一樣，生活中發生的不義大抵皆是如此。平凡的人們照著從別人那裡學到的方式，以好意作為出發點，不停地持續著帶有歧視和偏見的惡習。如果是家暴之類的犯罪，因為被害者跟加害者的劃分相當明確，所以大眾能夠單純地共享問題意識，也可以一起找出解決辦法。然而性別歧視等議題，則因為依附在傳統、禮節的美名下，以弱者的犧牲和普羅大眾的旁觀做為養分，在日常生活中深深扎根。

被稱為「極寫實主義網漫」的網路漫畫《因為是媳婦》，故事中描繪了已婚女主角閔詩琳和她的老公武具英在婆家發生的日常生活。他們互相照顧、關懷，在各自的位置上盡心盡力，表面上看來這個家似乎沒有什麼問題，但仔細觀察之後，就會發現不合理的地方像黴菌般生長在家中各個角落。

身為媳婦的閔詩琳，不但要負責把冷飯或剩下的飯「吃乾淨」，又因為得幫老公準備早餐，所以婆婆提出「能不能不要去上班」的要求。當男人們在房裡喝酒，她卻必須待在廚房幫忙準備拜拜，總是分身乏術。而身為老公的武具英只是個「平凡」的韓國男人，他為了不讓家中陷入混亂的場面，也希望盡量在父母面前表現出他們喜歡的樣子，因此在某種程度上他必須讓妻子如此犧牲奉獻。《因為是媳婦》裡沒有刻意把這些現象當成問題，也沒有用善惡對比的方式對壞人作出批評，作者只是擷取一塊看似隨處可見的生活場景呈現出來而已。是啊，因為蔓延在家庭中的差別待遇，都是在這世間體制裡，一心一意只扮演自己「角色」的人所製造出來的一場悲劇。

讀者在閱詩琳的日常生活中看見了自己的樣子，發現了總覺得哪裡有問題的地方，接著開始議論紛紛地表示「好像不該這樣」。為了過得更好，人們不再只會應付生活，而是開始懂得要對「本應如此」的事物投擲疑問。

「妳會弄早餐給老公吃嗎？」當有人這樣問的時候，先給他一個微笑吧。我知道他為什麼這麼問，他沒有惡意。我並不想攻擊連自己的預設立場有錯都不知道的人，但我要是逃避了這個問題，或者為了順應他的期待回答「會」的話，以後他還會去別的地方問一些類似的問題。

所以，我會這樣回答：「我不是為了當家事幫傭才結婚的，而且我老公也不是為了早餐才跟我結婚。」

一點點人來瘋更自在

我有一個特技是在笑不出來的時候也能正面迎對，自己找出好笑的地方。人生過久了，會遇到很多符合「哭著哭著就笑了」的時候。

當我難過時我會想辦法開點玩笑，然後就會覺得狀況好像沒有那麼嚴重了。因為已經有辦法保持適當的距離看待，所以開玩笑的行為，也可以作為確認自己心理狀態恢復與否的一把尺。

我認為幽默感可以讓人在疲憊的生活中稍微喘口氣，所以很愛開玩笑。在我車禍全身受傷，只能動也不動躺在病床上的時候，我很喜歡觀察醫生們，常常開他們玩笑。

當時我的下半身完全沒有感覺，所以頻頻追問什麼時候會好，整形外科主治醫生說：「不要再讓我解釋一加一等於二的事情了，即便妳的運氣真的背到極點，頂多就是有一點點跛腳而已，還會怎麼樣嗎？」

有好一陣子，這件事被我當成笑話一直講。我模仿醫生的語氣講給來照顧我的人聽：「一定要一直說些一加一等於二的事嗎？」然後一起大笑。如果沒有像這樣發掘笑點，感覺自己好像會難過更久的樣子。

尤其當你動不動就愛說一些稍微扭曲現實的諷刺，或是不著邊際的玩笑時，就會讓人覺得你像個「人來瘋」。

作為一個好笑的人有很多優點，當你無法用嚴肅而真誠的態度表達的時候，在玩笑中加入一點真心，就能讓氣氛不被搞砸，又能達到想要的效果，這種情況相當常見。

我聽了搞笑藝人金淑新人時期的有趣故事，覺得她有很多跟我類似的境遇。

金淑說她還是新人的時候，假如前輩下了什麼不恰當的指示，為了表達自己的不滿，她都會故意開一些出人意料的玩笑。

比方說，前輩叫她去買冰淇淋，她就會說：「可是我討厭冰淇淋耶」，或者開玩笑對前輩說：「您老還真是心地善良啊」，前輩們都會笑罵她像個神經病。

對那種喜歡用輩分壓制別人、或者說一些跟不上時代的話的人，我也會開玩笑說：「今年是哪一年了啊？到昨天為止還是二〇一七年呢。」如果上司下班以後還打電話給我，我也曾經接起電話就馬上說：「我要跟僱傭勞動部舉發喔，說不定您等一下就會被查水表了。」

如果平常就給人愛開玩笑的印象，即使大方地說出這些話也不會讓別人生氣，他們反而會想：「她的個性本來就是這樣」、「很直率的人」，接著會默默檢討一次自己的態度。

我自己也一樣，跟正經八百的指責比起來，比較喜歡被後輩半開玩笑式地批評，既不會讓人心情不好，也更能思考需要改善的部分。

要會開玩笑，最基本的重點是要在對話中將現在流行的詞彙運用自如。近年來流行語的壽命越來越短，潮流很快就會改變，所以更要與時俱進才行。

二〇一七下半年韓國流行的是「給食體」，年輕學生之間則盛行「這是真實事件嗎？是紀錄片嗎」、「９４８７」、「９４狂」等流行語。例如公事上遇到業主提出不合理的要求，就可以跟同事一起說「這情況是真實事件嗎」、「可以做到這個地步，業主９４狂」，然後所有人一起大笑一場就帶過了。

基本上說出來的話要越生動、越具體越好。雖然意思相近，生動的句子會讓人覺得更有趣。例如「請先好好想清楚再說」可以換成「請好好運作一下前額葉再說」；也可以對一頭亂髮的人開玩笑說：「你長得很像那個誰耶……（停一下再開口）啊、像那個『被押送首爾的全琫準』！」（譯註：全琫準為朝鮮後期農民起義領袖，被視為革命先鋒給予高評價。他留著單髮髻、一頭亂髮被押送首爾的歷史照片在韓國相當有名）這種說法可以喚起眾人腦海裡共有的畫面，感覺就更好笑了。我也曾對提出不合理時限的客戶開玩笑說：「當然來得及啊，覺等死了以後再睡就一定來得及喔。」

不過，切忌在開玩笑時涉及會戳到對方痛處的內容。比方說，對個子較矮的人開身高的玩笑，或者對過重的女生拿體重作為笑點，這些都絕對禁止。最好還是從一些雖然大家都有想到，但沒說出口的情況找出笑點，或者拿自己作為笑話的題材，才能讓所有人都一起放聲大笑。

像這樣經常開點玩笑，可以跳脫總是把情況想得太嚴重的習慣，別人跟你相處也會變得更自在；假如需要傳達可能讓彼此有點尷尬的事，也不用過於嚴肅就能好好表達。開玩笑需要開闊的胸襟。玩笑開著開著，就會明白過去的自己因為看人臉色忍下了多少想說的話。雖然我們常會太過意識別人的眼光，並且過度解讀他人的一舉一動，但人終究只看得見自己想看到的東西。

即使無法說出有趣的笑話，也要告訴自己：「不可能總是很好笑吧，怎麼可能一直很好笑，難道我是搞笑藝人嗎？」對自己要拿得起放得下，才能持之以恆。如此培養幽默感也是一種積極表現自我的方式，建議各位可以積極地嘗試練習看看。

提升自尊的性愛

我曾寫過以「第一次」性愛經驗作為主題的報導。奇怪的是，受訪者中大多數都認為他們第一次的性經驗是不好的。他們大部分會說：「如果現在可以選擇的話，絕對不會跟那個人做」、「不會被氣氛影響就做」、「不會因為喝醉了就做」。

女性們的第一次性經驗經常是被氣氛引導，很難對戀人說「不」，所以半推半就地答應了。因此第一次的性經驗並沒有辦法幫助提升自信，反而對自信心造成了打擊。

美國賓夕法尼亞州立大學伊娃·萊夫柯維茲（Eva Lefkowitz）博士的研究指出，大學生年齡層的男性發生過第一次性經驗後，對自己外貌的滿意度會提升，相對地同樣年齡層的女性經過第一次性經驗後，滿意度卻會下降。

紐約協和神學院的玄鏡教授，在大學時交往的男朋友向她要求發展性關係後，便開始了對性的研究。她自己訂定了好幾項自主規範，例如：「因為我喜歡才做」、「因為我自願才做」、「我只跟喜歡的人做」、「經過雙方同意下才做」等，覺得自己已經做好準備之後才嘗試了第一次性關係。

之後她跟那個發生第一次性經驗的男生結婚了，沒想到婚後丈夫卻開始批評她從婚前就跟自己發生性行為，認為她是沒有貞操觀念的女人。她在自己的書《從未來寄出的信》中寫道：「如果我當初是被他的論點說服，才跟他發生性關係的話，現在一定會氣個半死。然而現在不管他說什麼，都無法動搖我完好的信念，因為那是我竭盡一切所能後做出的決定。」

玄鏡教授更認為，大學時下的那個決定是人生中美好的典範之一，每當她必須做出困難的抉擇，就會回想起當時充滿勇氣的經驗，藉此重新得到力量。

如前文所述，性愛行為與自信心相關的議題之間有很深的連結，這些決定甚至會對日後的人生造成很大的影響。我的周圍仍有很多雖然還沒準備好，卻擔心拒絕會讓對方失望，最後勉強同意發生關係的女性。假如連自己的身體都無法憑自我判斷作出決定，到底又有什麼是可以靠自己決定的呢？

假如連第一次性經驗都只是應和男性要求而做出行動，那麼未來對性的觀念就會變得很被動，腦海裡也會不時縈繞著這樣的念頭：「他會不會對我膩了」、「會不會把我想成一個隨便的女人」。

一般來說，女性更容易不去表達自己對於性的感覺或是意見。在性行為結束後，如果沒有滿足的感覺，就可以說那次的經驗只有使對方的慾望獲得滿足而已。我的朋友曾經對我說：「每次做的時候如果我說痛，我的前男友就會說『妳忍耐一下』，但現在的男友只要我喊痛，他就會抱著我說『痛的話就不要做了』。我第一次有這種被體貼的感覺。」

她說現在遇到很珍惜自己的男友之後，變得更有自信了。女性們對性方面有必要表現得更自私一點，沒有保險套就不能做、我還沒準備好的時候也不做，要確實表達自己的立場讓對方知道。假如男友不肯尊重妳的想法，甚至表示責怪或無法理解妳，建議還是分手比較好，因為他並沒有資格得到妳的愛。

PART 5

微笑對待無禮之人的方法

微笑對待無禮之人的方法

人生在世必定會遇見無禮的人，他們會傷害我，害我手足所措，並大幅動搖我那為了將人生緊握在手中而疲憊不已的自尊心。第一次遇到這些人的時候，我只會嚎啕大哭，但隨著不斷遇見這種人，我也開始有了對付他們的辦法。當我遭遇無禮對待，我會用以下幾種方式來應對。

第一，要讓提出奇怪發言的人感到丟臉。雖然人們享有言論自由，但僅限於不侵害他人人權的前提下。如果有人越線，應對言語暴力最基本的方法就是加以警告。此時態度要沉穩而理性，告訴對方：「這句話如果讓第三者聽到，很容易產生誤會喔」、「當事人聽到這種話會很受傷的」。這裡的應對重點是不要帶進任何情緒，盡可能平鋪直敘地表達。

第二個是反問回去，客觀地釐清狀況。假如可以擺出一副天真爛漫，聽不懂的樣子發問就更好了。比方說，有人開別人長相的玩笑說：「那個人的臉還真是長得很捨己為人呢。」你就可以反問說：「您是指那個人長得很醜的意思嗎？」這樣一問，就會讓對方瞬間感到不好意思，開始檢討起自己的態度。

第三個則是直接重述一次對方不適當的言詞給他聽，好比有人說：「老不修不是罵人的話，只是一種表示親切的叫法而已。」你就可以回說：「既然如此，我也可以叫您老不修嗎？」

此外，也可以將對方的論點直接用在他自己身上。讓那些愛用奇怪論點攻擊別人的人，親身體驗一下是有必要的。例如要是有男生問：「妳胸部這麼小為什麼還要穿內衣？」可以直接回他：「那哥您為什麼還要穿內褲呢？」

第四是故意表現出不積極的反應。根據育兒專家的建議，假如已經對孩子說明很多次，他們卻還是不肯停止尖叫和耍賴的話，就不要去哄他們。你可以什麼都不說，靜靜地看著他們，或者停下手邊正在做的事，離開原地也是方法之一。

當孩子們發現自己不被支持的時候，就會自行判斷情勢，接著自動自發地停止吵鬧行為。這個道理也適用在大人身上，如果想要中斷聊天訊息，只要回覆「呵呵」或「是喔」之類的內容就可以結束對話了。狀況太誇張的話可以乾脆不讀，或者已讀不回也沒關係。如果必須直接見面，可以刻意持續使用「原來您是這樣想的啊」、「好的」來回覆對方，就能表達出自己的意思。

第五，要用幽默的態度回話，這點對於跟不上時代的言論尤其有效。假如有人說出極端父權主義的話，就可以回：「哇，您是從高麗朝鮮時代來的嗎？給我看看常平通寶吧！」或是當別人對你說教，內容卻全都在自賣自誇、毫無關懷之意時，你可以說：「聽說最近要說教的話要先付錢才能說耶？」

甚至你也可以開玩笑地回嘴說：「我父母也努力地念了我三十年最後放棄了，怎麼樣，您覺得還有救嗎？」對方便很難繼續接話。或是用「我會自己看著辦的」來帶開話題，也是一種不錯的辦法。不過，玩笑要開得自然需要一點功力，建議先累積一點經驗值後再來挑戰。

如果一味容忍那些對自己造成傷害的人，你就會漸漸變得氣力全失。遇到無禮之人，只會逃避並不是一件好事，必須擁有屬於自己的應對方式才行。對於表示「大家都沒問題，為什麼只有你特別有問題」的人，你必須讓他知道這些平和的景況，是別人不斷忍讓或躲避才製造出來的假象。

正是因為弱者敢勇於對強者發聲：「不管怎麼說這都太過分了吧」，人類才能夠持續創造出跟上個世代不一樣的文化。請下定決心不再忍受不公不義，且不放棄堅定地表達「我們想生活的世界是這樣的」，世界的進步就是如此經年累月而成。

假如總是默默容忍那些對自己造成傷害的人，你就會漸漸變得氣力全失。當你遇到無禮之人，只會一味躲避並不是一件好事，必須擁有屬於自己的應對方式才行。

那並非傷痕，而是活著的痕跡

大學一年級的那個四月，我在Cyworld的日記中寫道：「我人生的春天結束了。」（譯註：Cyworld曾是韓國最大的線上虛擬社群，用戶擁有個人小房間可供好友觀看，人氣程度有如台灣當年的無名小站）

那天，從高中交往到大學的男友甩了我。現在回想雖然會忍不住笑出來，但我那時候可是很認真的。我們之間並沒有什麼嚴重的問題，只是因為我那時還太年輕，不擅於表達自己的感覺，也不曉得該如何和異性相處。而跟我同齡的他也是一樣，他不是什麼壞人，但當他說「我們分手吧」的那個瞬間，我便開始厭惡起所有的一切。

在我寫下「我人生的春天結束了」的時候，我人生的春天真的就這樣結束了嗎？當然不是，有些事總要在時間流逝過後才看得清楚。二十歲時面臨的問題大多是我生平第一次遇到，所以覺得很艱難，感受到的溫度也非常高，感覺其他人好像泡在溫水中悠然自在，只有我一個人在熱水裡游得汗流浹背。

除了戀愛之外，我和父母的關係也沒有很好，有一陣子我一直在鑽牛角尖，覺得沒有遇到好的父母，就沒辦法幸福，腦中遲遲無法擺脫這樣的念頭。我對父母抱有一份理想的期待，但現實生活卻無法滿足那份期待。對年幼的孩子而言，父母就等於是他們唯一的世界，如果沒辦法在那個世界被愛，長久以來都覺得不被理解的話，這份缺憾就有可能化為自艾自憐、極度需求人際關係、情緒不安等症狀。

我的個性會如此扭曲、自卑的原因，好像全都是因為父母的關係，這些對父母的負面想法讓我無法變得積極。跟別人談起自己的事時，我也常常提到父母帶給我的傷害。我還會過度把別人的負面話語放在心上，一直耿耿於懷。

但總不能把已經發生，我也無法改變什麼的事一直掛在嘴上叨念。都已經是成年人了，還不斷哭哭啼啼地控訴小時候受過的傷，也未免太浪費人生了。當我下定決心在心理上從父母身邊獨立，仔細審視後才發現，即使將「父母」的存在從我身上抽去，也不會發生什麼問題，反而還有許多很不錯的地方。

這些不錯的地方打從一開始就存在，而我卻被自己的念頭牢牢綑綁，覺得自己受了傷、傷口很深，覺得也許那不只是失誤而是徹底失敗，導致最終看不清自己。因為對受傷的地方過度專注，就會忘記事物的本質。

在我跟老公一起去挑結婚戒指時，店員問我們是要14K還是18K的。我們正在說明的時候，店員說：「無論如何18K的黃金含量還是比較高，比較容易留下生活痕跡。一般來說，結婚戒指大家還是比較常選18K，在價格上也有一點差異。」

我把「生活痕跡」這個字眼默默記在心裡，之後上網查了它的意思，上面寫著：「在生活中被使用後，家具、家電等產品上不可避免會留下的痕跡。」我很喜歡這種簡單明瞭的講法。相較之下，「傷痕」的意思則是東西已經殘缺、破掉、受損，或是某些事物仍有不足、錯誤的部分，也常被用來比喻人的個性，或言行中流露出的缺陷。

我頓時明白，無論傷痕或生活痕跡，雖然都一樣是留下痕跡，但根據人用不同的角度去看待，就會產生差異。人不也是這樣嗎？我們不可能住在不會受傷的無菌室裡，任何人身上都會留下疤痕。

雖然盡力避免，但這世上的人們不得不互相傷害的情況可謂不計其數。只要不是供在珠寶盒中不見天日，妳每天戴在手上的戒指一定會留下使用的痕跡；同樣地，只要活著，就無法避免留下傷痕。越是認真生活的人，必定擁有越多痕跡。如果有辦法理解失敗帶來的痛苦，那麼也可以更寬大地看待自己不是嗎？那並非巨大的傷口，而是小小的生活痕跡罷了。

打從我發生車禍傷到腳之後，走路時都會有點跛。一開始走路的時候，總覺得所有人都在看我。做復健時也曾覺得丟臉，冒出放棄的念頭。因為認為再也無法回到車禍前完好如初的樣子，每天晚上都在哭。

然而，總不能一直哭下去，就像我不可能永遠不走路一樣。於是心一橫的想：「哎呀，不管啦，有點跛腳又怎樣！」壓力便瞬間小了許多。在我試著不要那麼在意別人，只把心思放在走路上面之後，現在感覺好很多了。

這樣看來，人生似乎就是需要一點「即使如此，也沒辦法啊」的妥協。儘管已經竭盡全力，卻仍舊無法如預料般順利時，不妨把那些傷痕想成是為了活下去不得不留下的「生活痕跡」。像這樣斷念之後，也許你自卑的部分就會轉化為一種動力。

車禍在我的腳踝上留下一道約七公分長的疤痕，我想找時間在這道疤開始的位置刺上花的刺青，讓它看起來像是一朵盛開的花。

有時候不努力才是最好的

高中的時候，我的同學曾經跟我說：「我男朋友踢了我的肚子」，接著她從制服衣襬間露出肚子，讓我看她的瘀青。

她說，因為瞞著男友跟別的朋友一起去遊樂園玩，所以才被踢。我叫她快點分手，同學卻說：「雖然他有的時候生氣會打我，可是除了這個之外都很好。只要我好好對他就沒問題了。」但之後還是一直出現瘀青的地方，有時候是腳踝、有時候是脖子。難道真的是因為她的努力和意志力不夠，那個男的才沒辦法改正嗎？

我也有過類似的經驗，曾經有一個前男友太過黏人，被我告誡過很多次，他每一次都說會改。在我發現他常常偷看我手機之後，我們就結束了。另一個前男友患有憂鬱症，而我因為愛他，很希望可以幫助他治好，感覺自己應該辦得到才對。但越是跟他交往下去，就越有一種連我都快被陰暗的泥沼吸進去的感覺。當我發現為他流淚的時間比笑的時間多上許多的那一天，我們分手了。

假如一直對對方「要改的地方」耿耿於懷，反而會增加讓自己變得不幸的機會。每次當對方違反約定時就會演變成嚴重爭吵，然後又和好，不斷重複無意義的過程。心中的火苗開始延燒到無法改變對方的自己身上，可能會越來越無力，或者開始對人產生厭惡。要擺脫這種狀況，需要的不是更多努力和忍耐，而是必須改變提出來的問題。

前面提出的問題是「他只要改掉這點，那不是都還不錯嗎」跟「那麼我要怎麼幫他改正呢」，這兩樣都是錯的。應該把問題換成「從客觀角度來看，他的這個缺點真的會是個問題嗎」跟「如果他的缺點沒辦法改正，那我還能夠繼續承擔下去嗎」。

以人類不太容易改變的事實作為前提，必須問自己即使他沒有改變，那麼我能夠忍受那樣的他嗎？如果沒辦法做出判斷，至少先退一步，製造出適當的距離感後再仔細思考也不遲。有些時候，不努力反而才是最好的。

不要過於相信別人

二〇一六年音樂電影《樂來越愛你》（*La La Land*）席捲了整個電影界，甚至將第七十四屆金球獎的七個獎項盡數納入囊中。

由雷恩・葛斯林（Ryan Gosling）跟艾瑪・史東（Emma Stone）主演、達米恩・查澤雷（Damien Chazelle）導演兼編劇的這部電影，簡直像是一首抒情詩。兩個年輕人尋找夢想的成長故事看似平凡，卻用音樂劇的形式鋪陳得極為細膩且夢幻，看過電影的人都說覺得好像去了迪士尼樂園一般，有種輕飄飄的感覺。

達米恩在二〇一三年發表的《進擊的鼓手》（*Whiplash*）是部餘韻深長的電影，所以我在網路上搜尋了他的專訪。讀了好幾篇之後，發現有一段敘述不停出現，原來達米恩的第一部作品不是《進擊的鼓手》，而是《樂來越愛你》。

他早在二〇〇六年就已經完成《樂來越愛你》的劇本，但當時沒有人願意投資一位新人導演。就像世上所有事情一樣，被拒絕的理由實在太多了，例如：「製作費太高了」、「音樂浪漫電影不會成功的」等等。於是達米恩先製作了《進擊的鼓手》，藉此證明自己的實力。

《進擊的鼓手》不只得到好評，票房甚至超越製作費的十二倍以上。這時他再度拿出二〇〇六年完成的《樂來越愛你》劇本，只要遇到製作人就拚命遊說。當然那劇本的內容跟之前完全一樣。不過，情況已經完全不同了，當初那些不行的理由如今都變得有氣無力，毫無說服力了。

崔東勳導演是韓國最具代表性的電影導演之一，他也經歷過類似的事。他寫的第一部劇本是描述五個年輕人搶銀行的故事，他把寫好的劇本帶去電影公司，很不幸地遭到婉拒。

據崔導演說，當時負責評審的其中一個人，說明了這個劇本無法通過的理由：「主角有五個人，這種角色組成太違和了，而且台詞裡面講了很多低俗的話。」然而他在日後負責編導的《漢城大劫案》、《老千》、《神偷大劫案》、《暗殺》等電影，共通點也都是有多位主角同時登場，目的是偷竊，內容的低俗對白也不少。

就連鼎鼎大名的朴贊郁導演，其實也有過很慘的經驗。他在一九九二年透過電影《月亮是太陽的夢》出道，主角是歌手李承哲，但電影的成績卻是慘痛無比。要說有多慘的話，就是居然沒有任何人願意寫下觀影感想。

根據李濬益導演的說法，他在這之後想將一部叫作《Anarchist》的電影交給朴贊郁導演（譯註：根據劇名推斷，可能為李濬益導演在二〇一七年六月上映的電影《朴烈》），但當時所有出資者都表示反對：「導演是朴贊郁的話實在沒辦法投資，只要換導演就出錢。」

之後，朴贊郁歷經長達五年的時間都無法拍攝電影，最後終於獲得拍攝《三人組》的機會，但沒想到這部電影竟又比上一部更加壯烈地犧牲了。

透過《殺人回憶》、《駭人怪物》等作品深獲大眾信賴，在值得相信的導演行列中總是站在先鋒的奉俊昊，他的出道作品《綁架門口狗》卻是徹底的失敗，甚至曾被歸類為沒有商業前景，只有狂熱的御宅族導演。

跟他同時期的柳昇完也報名了無數次的電影展和劇本創作徵件，但全都落選了。當時，奉俊昊常常對柳昇完說：「我大概沒有才能吧……我們乾脆去開麵包店好了？」

對他們而言，能夠帶來一點安慰的，就是當時以「未來伸手不見五指」，跟他們一決雌雄的朴贊郁所說的這句話：「有沒有才能根本不重要，重點是相信自己有才能的那份自信。」

如果只聽見別人的批評，一心只想消除缺點的話，優點也會跟著一起消失。當我們喜歡一個人的時候，即使對方有缺點，只要他能將特別的優點發揚光大，不也會讓人覺得他充滿魅力嗎？把本來就非常耀眼的東西硬是改成「別人會喜歡的東西」的話，最後會讓所有人失去對它的喜愛。

達米恩說他堅持對自己喜歡的東西從一而終，每當聽到有人說音樂電影不行，或者要他把結局改成大家喜歡的 Happy Ending 時，他都沒有當真，也因此才完成了現在的《樂來越愛你》。崔東勳雖然被人家批評「這種粗野的故事感覺沒辦法寫得很好」，但他還是持續刻畫著多位主角一起吵吵鬧鬧行竊的故事，最後成為這類型電影的先驅。

二十幾歲時的我就像個甄選參賽者，經歷一段必須不斷證明自己的時期。那時候周圍的人就像評審，雖然現在聽來不敢置信，但他們不斷催促著我要持續展現更多。

這種時候，切記不可以全盤接納別人的話。不管是誰，都對除了自己以外的其他人不夠了解。雖然他的話可能聽起來像忠告，但常常只是對方想藉此自誇的手段而已。無論是忠告或自以為是，對你而言都一樣是無解。

因此就像朴贊郁導演所說，即使遭受難堪的拒絕，能夠去想「這還不是結束」才是最重要的。

如果別人無法相信，至少自己要相信自己，才能取得適當的平衡。這就是在充斥著悲觀事物的地球上，成功找回希望的方法。

大人的畢業典禮：離別接著成長

談戀愛的過程中，即使沒發生什麼嚴重的事，也可能會有心自然而然遠去的時候。朋友之間則可能因為升學分開，彼此關心的事變得不同之後，漸漸地失去了聯繫。

如果把這種情況用一句話帶過，例如：「每個人都會經歷的倦怠期」，便無法解釋那些錯綜複雜的微妙感受了。遇到這種情況，如果硬要努力維持關係，反而更讓人覺得孤單。

我也曾經煩惱，為什麼自己這麼沒有毅力又自私。但就像人會對過去熱烈喜愛的事物感到無聊，喜好也會改變一樣，對他人的態度也無可避免會這樣。因為在人生中每個主要的時期，目標和優先順序都會改變，想一起相處的人也會不斷改變。

我對社會學著迷的時候，很喜歡積極參與社會活動的人；對電影和音樂非常感興趣的時候，就會愛上看起來很有藝術家氣息的人；想變成很會開玩笑的人，就會一直去找一些和我笑點相近的人；想尋求心靈的平和、心事太多時，就會花很多時間跟富有包容力的對象相處，這種時候，我最能作自己。

我們會被那些和我們有關係的人影響，等到他的一部份也成為自己的一部分之後，我們透過離別，彼此開始成長。在畢業典禮上哭的學生，不是為了想永遠待在學校而哭，只是意識到離別的時刻到了而已。就好比年紀到了，五官和身體都會產生變化一樣，隨著時間過去，我周圍的環境發生改變也是件相當自然的事。

不管是多親密的關係，只要我覺得這段關係無法再讓自己成長，或者有種沒辦法被刺激的感覺，就不會再折磨自己，選擇離開對方。就像人們除了經濟之外，心理上也會從父母身邊獨立，成為大人一樣，在那個過程中發生的不合與離別，也已經被承認是無可奈何的。如果嘴上說以前尺寸很合，硬是把現況塞進如今根本不合的尺寸，就只會變得更討厭自己而已。

雖然坊間有很多「提升自信心的方法」，但我認為最基本的，就是要定期檢查自己心的大小。正眼看待自己的變化，然後找出適合那些改變的東西，才有辦法開啟新的關係。唯有認知到無論何時都有可能會分離的人，才可能對現況感到滿足。

我很喜歡文泰俊的詩〈遷移的草原〉，喜歡到都能背下來的程度。這是一首與變化、成長、人與人之間合適的距離有關的詩，在此擷取部分內容：

希望你跟我之間有一片草原
希望你養了你的羊群、我養了我的犛牛
雖然我知道
生活就是為著養一群羊、一群犛牛
必須四處遷移的一頂破爛帳篷
你還走帳篷，帶著你的羊群去找鮮綠的草地，
我也還走帳篷，帶著我的犛牛去找鮮綠的草地吧

學習如何更遲鈍一點

康京和外交部長擔任聯合國事務次長時曾經參加一個脫口秀，在節目上被問到：「身為女性，請問您可以對在職場上遇到的不平等待遇提供一點意見嗎？」

對此，康部長是這樣回答的：

我有時候也會在心裡的某個角落一直思考這些問題：「因為我是女性，才被這樣對待嗎？還是因為我是韓國人、是東方人，才受到這樣的差別待遇呢？」當然情況順利、結果和分工都很不錯的時候就不會這樣想，但若是情況很糟，沒辦法達到理想狀況，或者產生爭議、有人反對，讓妳感到很失望的時候，就會不自覺地產生這種想法。

我也很努力讓自己不要在毫無意義的地方煩惱「他的本意是什麼？」基本上對方怎麼說，就接受他字面上要表達的意思就好。不要過度懷疑別人，也不要在心底反覆推敲別人的話兩、三次，最後反而會胡亂揣測。

實際上，這是相當不健康的工作態度，而且很容易就沉浸在那些念頭之中。尤其身處一個要帶領眾人的位置，面對來自不同文化圈的同事，就必須抱持基本的信賴，隨時觀察狀況。請直接接受事物表面呈現出來的樣子吧。

我好像能夠理解康部長為什麼會這樣說。我是一個很敏銳、想很多的人，但開始職場生活、與同事相處之後，有時這一點會帶來困擾。尤其女性比較容易感同身受、心思纖細，男性則比較喜歡用理論去分析事件中的人際關係。

一般來說，女性因為很重視跟周圍的人打好關係，又比較會看人臉色，擔任經理職位時經常可以在考核中拿到高評價。然而開始升任為組長、主任等級的領導層時，這些優點就失去了光環，反而容易被批評沒有領導能力。

有時女性也會因為過於在意別人的臉色，選擇避開作為一個組織領導者不得不扮黑臉的部分，無法發揮出領袖風範。由於沒有對組員下達適當的指示，導致被批評「微觀管理」（譯註：Micro managing 指管理者事必躬親，透過過度密切的觀察、追蹤細節、操控等方式管理組織，一般使用這個詞時帶有負面意義）的例子也不少。

意氣消沉的組長看到組員的表情怪怪的，還會覺得也許是自己害的，不停看眾人的臉色。於是越來越自卑，即使組員對自己提出的批評有憑有據，也會覺得「他是不是看不起我」，而無法虛心接受，最後硬是用階級權威把別人的意見壓制下去。像這樣的人除了讓自己心神不寧，也會讓組員備受壓力，連帶影響整個團隊的狀況。

基本上，公司是朝創造利益的共同目標邁進的一種臨時團體。公司的人不是你的朋友，只是利害關係一致的同事而已，請務必謹記這點。開始工作之後，可能會遇見跟你價值觀完全不同的人，或者當面跟你對峙的同事。在壓力極大的環境下，要深思熟慮地與同事相處並不容易，一個無心的話語或行動都可能對彼此造成傷害。

如果習慣對每件事都一一對號入座，反覆思考對方的反應，就很容易讓思緒陷入萬丈深淵之中，一定要努力改掉這種猜測對方動作的習慣才行。因為如果一直思考對方的意圖，很容易讓自己產生被害意識。

當你遇到對方的反應讓你無法理解時，只要告訴自己「原來他是那樣想啊」，務必專注於表面上顯而易見的事實就好。

適當的漫不經心和遲鈍並不表示瞧不起對方，反倒是因為尊重才會表現出這樣的態度。在職場上用這種態度與同事相處，確實可以讓壓力減輕許多。我遇過的成功職場人士之所以可以在職場打滾多年，都是靠這個祕訣。

盡一切努力讓今天的我幸福

二〇一五年一月的某天，我經過江邊北路的時候發生了車禍。當時的男友開車，我坐在副駕駛座。車禍原因是後面的車沒有放慢速度，追撞到我們的車。肇事者向警方供稱當天因為吃了感冒藥，所以控制不了睡意。我們的車被撞之後，向前撞向右側護欄才停了下來，副駕駛座的門整個飛出去。當時我的皮夾插在車門上，好像記憶力和體力都在那時候跟著皮夾一起被撞飛出去了，到現在都還沒找回來。我因為這起車禍導致骨盤和腳踝骨折，還有膀胱破裂。緊急手術之後，又再接受了兩次手術。工作留職停薪，在醫院整整打擾了五個月。

這場車禍讓我變得跟以前不一樣了，不但體力大幅下降，就連時間觀念也改變了。想必很多年輕人也都是這樣，年輕的時候覺得時間彷彿是無限的，有必要的話一、兩天不睡精神也很好，感覺電力馬上就能充飽，可以一次跟很多人見面。

我以前也是體力很好，每天都理所當然地過著多采多姿的生活。下班以後常去學些什麼，一天可以約好幾個人見面。如果有想做的事，只要少睡點覺就可以了。當時沒有什麼事會讓我覺得時間和精力是有限的，總是有各式各樣的事情填滿我的生活。

然而二十歲後半經歷的那場車禍，讓我的身體狀況完全改變了。車禍的後遺症讓我不能跑步、體力下降，熬夜變成一件不可能的任務。和從前不同，現在我十二點一到就開始發睏；因為體力不好，我發現只要跟相處起來不太自在的人見面，精神與體力就會開始急速放電。我的時間觀念也因此改變了，原本感覺有著無窮無盡時間的我，現在卻開始會評估自己的身體還能健康多久，我甚至曾經設想有了小孩的情況，把不屬於我的時間也換算出來扣除掉。

像這樣計算過後，發現對我而言有效的時間其實剩下不多。頓時產生了危機意識，覺得必須把對自己來說重要的事情徹底一字排開，替它們排出實行的優先順序才行。當我改用這個標準看待世界以後，有一些我以前可能會容忍的事情，現在則會盡可能地積極避開。若是在莫名其妙的地方白費力氣，會害我沒辦法在真正需要時使力。

可能有很多人都曾遇過這種情況，那就是去美容院剪頭髮的時候，被設計師不斷重複說我的髮質有多糟糕。說一兩次也就罷了，但他一直重複講了好幾次，然後開始建議我加價作護髮，可以改善我的受損髮質。

我一開始覺得比想像中貴太多，正想開口說「不好意思」拒絕的時候，卻突然覺得這個情況讓人非常不悅。美容院是客人付錢接受服務的地方，雖然每次都會光顧，但我從來沒有一次是帶著好心情走出來。我不想再為這些無謂的事費神，後來找了一家日本設計師開的固定價格沙龍，把頭髮交給他們打理。

車禍之後，我真正體會到自己無論何時都可能會死。不管是誰，大多數人總是覺得交通事故、癌症之類的無妄之災不會發生在自己身上，我也是如此。一旦真的遇上了，便忍不住開始想像，要是在這動盪不安的世上一直被別人牽著鼻子走，然後人生就戛然而止的話，該有多麼冤枉啊。

別再費盡心思只為呼應別人的期待，要變成一個自己想當的人才行。為了度過不後悔的人生，我一直把這句話掛在嘴邊。因為我的時間和精力是有限的，所以不要在沒有意義的地方浪費它們，而是要為了讓今天的我更加幸福，努力做到最好。

給總是忍不住話中帶刺的你

我們偶爾會說話帶刺，或是話中帶話，一時之間聽不出言下之意，也會從別人那裡聽到這種話。

人與人之間互相傳遞的能量是非常強烈的，不管說的時候笑得多燦爛，或當成笑話般隨意地說出口，這些話還是必定會在對方的心底留下疤痕。可是因為不能突然認真生氣，又覺得講出來計較很丟臉，所以一般都只能按捺心中的怒氣，自己默默消化。

人們話中帶話的理由，很多是因為平常對他人的不滿日積月累，已經瀕臨爆發的緣故。或者明明已經提出意見，但對方卻不聽，就不禁變得尖酸刻薄起來。像這樣在心情不佳的狀態下維持關係，想藏起來的刺就會不時冒出來刺傷別人，這是很有可能的。假如發現自己或對方溝通時會不時話中帶刺，我就會把這當成是一個警訊，表示跟這個人的關係必須暫時休息一下。

有個曾經跟我很要好的朋友，每次都會比約定時間遲到三十分鐘左右，沒有一次例外。我一忍再忍，也曾警告過他，如果覺得我們的約很重要，就不應該每次都遲到，希望他可以好好守時。

覺得很抱歉的朋友一開始好像有稍微改善，但不久之後又變回以前的樣子。雖然很生氣，但我也不喜歡同樣的話說好幾次。從那之後我每次有事要跟他約，就會不經意酸他一下：「反正你都會遲到，那就約在書店吧，我可以先看一下書」，或是假如約兩點的話，可能會對他說：「你這次四點以前應該會到吧？」

朋友覺得我話中帶刺，開始對我採取防備的態度，於是我們很快就疏遠了。知道彼此相處起來有壓力之後，我跟他便決定要暫時保持距離。雖然也可以馬上一起去喝酒，互相抒發彼此累積的不滿，或是也可以先道歉，但我們並沒有那樣做。

因為我們早就知道之所以會變的話中帶刺，都是長久以來累積了太多委屈與抱怨的緣故。已經到傷感情的地步了，如果慌慌張張急著解決的話，很容易會在不經意間，對彼此說出無謂的批評。

如果你跟朋友或男、女朋友見完面，回家的路上總是感到無比空虛，或者跟他分開之後，想到比他更重視自己的其他人就忍不住失落，心裡越來越不平衡，變得一直話中帶刺、傷害對方的話，建議最好先暫停這段關係。這時候應該意識到彼此都很疲憊，給彼此一點時間好好想想，才是最理智的選擇。

在你保持適當距離之後，試著一點一滴整理在過去這段期間覺得失望、失落的部分，情緒的溫度就一定會降下來。根據個人經驗，這時會從憤怒到極點的「你就是一個不守約，又懶又沒有責任感的傢伙」，大幅下降成「看到每次都不守約的你，覺得自己沒有被當成很重要的人，就覺得心情很不好」的程度。

如果你是每次話中帶刺後都會感到後悔的人，建議你可以試著先讓彼此保持一點距離，給彼此多一點時間、空間，才是聰明的做法。

別太急著判斷一個人

距離第一次看已經超過十年，我再次重看了奉俊昊導演二〇〇三年的作品《殺人回憶》。當時是首輪上映在電影院看的，老公則是從來都沒看過這部電影。我跟他強調這部電影很有趣也很有意義，是一部拍得很好的必看電影。

然後電影開始了，才播沒多久，我卻發現自己其實不太了解這部電影。以前我完全沒注意到的部分，現在看起來很有象徵意義；當年覺得感動的部分現在重看，卻沒有什麼動容的感覺。

同樣的道理，有些小說看了之後覺得無聊就丟在一旁，過了幾年之後再拿出來看，才發現它是本驚人的傑作；也有小說曾讓我著迷不已，多年後重看卻覺得平淡乏味。

藝術創作如此，人亦如此。改變的不是對方，而是我自己。所以假如只是在某個時期短暫經歷過某事，就說得好像全都了解一樣，那是一件多麼愚蠢的事啊。在這個早已被討厭的事佔據的世界裡，若只因年輕時有不好的經驗就避免再次接觸，你就會同樣失去一個在人生中享受美好事物的經驗。

上了年紀以後，就會像區分血型一樣，在心中依照過去經驗憑感覺將人分類。總是會不小心分成我喜歡、和我不喜歡的兩類。雖然這可以說是本能上習慣讓自己不受到傷害，但如果養成像這樣迅速判斷別人、替人分類的習慣，你能夠認識的族群就不會再向外延伸。如果周圍淨是些想法和處境類似的人，那只會讓你迅速變成冥頑不靈的「老頑固」而已。

有了好幾次經驗之後，現在我不再把覺得難讀的作品歸類在「不喜歡」、「不是我的風格」，而會想「現在還不是我們該相遇的時候」，選擇暫時努力把它往後挪一點。實際上過了一段時間之後，再次重新接觸時真的發現有許多不錯的書、電影和音樂。

人類也一樣是複雜而個性多樣化的集合，每當遇見一個新的人，就算無法馬上理解他，只要不會對自己造成傷害的話，是不是可以不要這麼快對他做出判斷呢？

不要覺得是因為「我是對的，他是錯的」，才會看對方這麼不順眼，應該想成「我們還沒有到該相遇的時候」，如此一來心情便能稍微平靜下來。

先別急著判斷喜歡與否，讓它自然發展，也許有一天當緣分來臨，就會繼續延續成一段更好的關係也說不定。

人際管理也需要極簡主義

每當感覺季節開始轉換的時候，我第一件會做的事就是整理衣櫃。一找個周末，花上一整天整理衣櫃，用自己的標準區分要丟的衣服和會穿的衣服。一開始天氣變暖的時候會拿出春、夏的衣服，變冷時就拿出冬衣，但像這樣過了好幾個季節，放衣服的空間開始不夠了。為了存放多出來的衣服，又買了新的櫃子和新的衣架。不方便的地方還不只這些，衣服一多起來，感覺能穿的衣服看起來又更少了。

雖然每天早上都在煩惱要穿什麼，但真正想拿出來穿的也就那幾件而已。我越來越記不得到底有哪些衣服，接著又購入風格類似的新衣服。書也一樣，因為我愛看書，一個月平均會花十萬韓圓買書。在我買的書當中，大部分都只讀過一次就不讀了，但一想到要把書丟掉，又覺得實在太浪費了。

我總是抱著「應該有天會用得上吧」的心態，就把它們堆在那邊。現在想想，我可能也是有一點想炫耀「我可是會讀這麼多書的人」吧。像這樣囤積了許多書，就得買很多額外的書櫃，搬家的時候搬家公司的職員還問我：「您的書怎麼這麼多呢？您是做什麼工作的啊」，除此之外，還必須多付好幾箱的搬家費。

我呆呆地望著填滿整個房間的衣服和書，即使這些東西乍看之下很讓人自豪，但要長久維持下去實在太費力氣了，想從那之中找出真正重要的東西也得花很多時間。不久之後，社會上開始流行只留下必需物品的生活方式——「極簡生活」，我也開始思考那些過去放不下的東西。

剛好趁著結婚搬了家，我把以前擁有的書處理掉了三分之二。衣服跟鞋子也用同樣的標準分成要丟和要留下來的。只用一個問題，就可以把我擁有的東西丟掉一半以上。這個問題就是：「這兩年以內我有用過這個東西嗎？」

把書和衣服丟掉以後，我的二十四坪兩房公寓增加了許多空間。像這樣一口氣丟掉許多東西，穿衣服這件事變得讓人更開心了。因為一眼就可以看清楚有什麼衣服，而且搭配起來也變得更容易了。每次看到衣服，就會想：「明明有這麼多衣服，但每次換季的時候竟然還都想買新的，物慾真是太高了」，從此罪惡感也消失得一乾二淨。

為了維持煥然一新的空間，我也針對書訂定了一個新的原則：不在家裡放超過兩個書櫃以上的書。算本數的話大概在兩百本左右，每個月只要買多少書，我就必須拿出多少的書去二手書店賣。

在這個過程中，也可以區分出我真的喜歡的東西和覺得不怎麼樣的東西，在日常生活中總是分不清孰輕孰重的我，藉由這樣的練習，也多了一個可以認真思考到底喜歡什麼的機會。

不只書和衣服，我在人際關係上也有類似的感觸。

我在記者生涯中認識了很多人，臉書和通訊軟體有接近一千人以上的好友。其中有許多只見過一次面，之後就從來沒有聯絡過的人。但我因為怕影響別人的觀感、覺得有一天會用得上、必須做好人脈管理等原因，去跟一些不想見的人見面，甚至參與各種婚喪喜慶活動。然而用這種方式與人相處其實是很消磨感情的，會留下感覺不好的餘味。一天裡趕赴兩、三個約，害得朋友也曾忍不住跟我抱怨這種情況，自然無法維持有深度的友誼。

這種人當然不只我一個，有很多人都曾在人際關係中感受到「豐饒中的貧困」，對人性感到懷疑。根據「大學明日二十代研究所」（譯註：作者任職的雜誌社。以大學為主題的韓國大學生情報週刊，一九九九年創刊，每週配送至韓國各大學，供免費索取）以全國二十至二十九歲的六百四十三位男、女大學生為對象做的問卷調查，在二十至二十九歲的人當中，有百分之二十五回答「不想再創造新的人際關係」，顯示出他們疲於管理人脈的一面。二十代研究所發表了跟這有關的流行語「關怠期」（關係和倦怠期的合成詞），被各大媒體爭相報導，並且介紹為代表二〇一七年二十歲年輕人生活方式的關鍵字。

當你感到被人們團團圍住，覺得雖然有跟朋友見面，內心卻總是非常空虛的時候，就有必要為人際關係訂出一個標準。以婚喪喜慶來舉例，我的原則是絕對不去小孩的滿月酒，也不會包禮金。結婚的話只參加很親近的朋友和同事的婚禮，紅包則分成會給的和幾乎不額外做什麼的人。

相對地喪禮我會盡可能參加，喪家遇上這樣的事，只能用奠儀聊表心意。生活中如果覺得有人只是把我當成情緒垃圾桶，或者需要的時候才會連絡我的人，我就會在保持禮貌的前提下盡可能跟他們保持距離。若非工作需要，也盡量不會直接跟他們碰面。

就像整理衣櫃和書櫃一樣，人際關係也需要被定期檢查。想要讓人際關係變得有意義，就必定需要符合這段關係的連結和足以讓信任累積的時間。那些在年輕的時候連週末都花在同事身上的大企業部長，退休之後想重新開始跟家人好好相處，卻讓家人覺得抗拒或尷尬的理由正是如此。

朝井遼的小說《何者》裡面有這樣一段對話：

你老是說要拓展戲劇圈的人脈，但你懂不懂啊？有在流通的東西才叫做「脈」！你好像參加了各種劇團表演之後的派對，但你現在還有跟在那裡認識的人聯絡嗎？能突然打通電話就跑去見對方嗎？

雖然我們總說生活會如此忙碌、充滿壓力的理由，是因為有太多身不由己的人情壓力，但其實那些都是你正在失去的東西。人生充滿壓力，是因為我們用如此淺薄的方式，讓人際關係的脈博不再跳動的緣故。

當你感到被人們團團圍住，覺得雖然有跟朋友見面，內心卻總是非常空虛的時候，你就有必要重新為人際關係訂出一個標準。

謝詞

掌握幸福，就是別再放任無禮之人恣意妄為

曾經對自己的舉止造成問題感到訝異，引發「no look pass」風波的那位主角，在事件爆發五個月後從海外某處返回韓國，這一次他緊緊抓著手上的行李箱，逃也似地離開了機場。

正因為有眾人的批評，才得以讓他修正不當的行為。如果覺得與其隨意惹事生非，倒不如稍微忍耐一下，甚至遇到無禮的事也只是默默讓它過去的話，那麼只會讓這些事情原封不動地害整個社會負責承擔而已。假如這種事繼續發生，就會越來越難導正。

我很喜歡「堅強」和「能屈能伸」這兩個詞。在這世上個人的力量可能很小，然而就看我們決心用怎樣的態度去面對，我認為至少可以對自己的周圍做出一些改變。

感謝在韓國提出出版計畫，替我精心策劃製作的徐先行次長，以及總編輯、美編和Gana出版社的所有家人。能在韓文版封面和內頁放上我深愛的 kimi and 12 作家的插

圖，我非常開心，感謝這麼棒的作品。

跟我一起工作的「大學明日」同事及朋友們，還有我的家人，一直都非常感謝你們。尤其是我堅強的後援——老公，和津寬洞的徐太太（譯註：應該是指作者的母親），我愛你們。

我的周圍有很多好人，所以我一直覺得自己是一個幸運的人，以後我們也要一直一直在一起喔。

無論這個世界是什麼樣子，就看我們決心用怎樣的態度去面對，至少我認為可以對自己的周圍做出一些改變。希望這本書可以幫助各位讀者繼續堅強地生活下去，即使遇到挫折，希望各位也都能保持「這還不算結束」的想法。

我也會繼續寫很多堅強的文章，讓我們一起盡全力變得更幸福吧。

HEART
心視野 心視野系列 036

微笑面對無禮之人

用優雅四兩撥千斤，靠修養高度征服粗魯無禮之人

原書名：무례한 사람에게 웃으며 대처하는 법

作　　者　鄭文正
總 編 輯　何玉美
編　　輯　簡孟羽
封面設計　柳佳璋
內文版型　顏麟驊

出版發行　采實文化事業股份有限公司
行銷企劃　陳佩宜・黃于庭・馮羿勳
業務發行　盧金城・張世明・林踏欣・林坤蓉・王貞玉
會計行政　王雅蕙・李韶婉
法律顧問　第一國際法律事務所　余淑杏律師
電子信箱　acme@acmebook.com.tw
采實官網　http://www.acmestore.com.tw
采實粉絲團　http://www.facebook.com/acmebook

I S B N　978-957-8950-52-8
定　　價　320 元
初版一刷　2018 年 9 月
劃撥帳號　50148859
劃撥戶名　采實文化事業股份有限公司
104台北市中山區建國北路二段92號9樓
電話：(02)2518-5198
傳真：(02)2518-2098

國家圖書館出版品預行編目(CIP)資料

微笑面對無禮之人：用優雅四兩撥千斤，靠修養高度征服粗魯無禮之人 / 鄭文正作. -- 初版. -- 臺北市：采實文化，民 107.09
面；　公分. --（心視野系列；36）

ISBN 978-957-8950-52-8（平裝）

1. 修身　2. 生活指導

192.1　　　107011752

采實出版集團
ACME PUBLISHING GROUP

版權所有，未經同意不得
重製、轉載、翻印

무례한 사람에게 웃으며 대처하는 법 (How to Deal with Rude People with a Smile)
Copyright © 2018 by 정문정 (Jeong Moon Jeong, 鄭文正)
All rights reserved.
Complex Chinese translation Copyright © 2018 by ACME PUBLISHING CO.,LTD
Complex Chinese language is arranged with Gana Publishing through Eric Yang Agency